हरित कविता

एक सौ ग्यारह कविताओं का संकलन

कोचिन विज्ञान एवं प्रौद्योगिकी विश्वविद्यालय
के आर्थिक सहयोग से प्रकाशित।

हरित कविता

एक सौ ग्यारह कविताओं का संकलन

वाणी
पृथ्वी

सम्पादक

प्रभाकरन हेब्बार इल्लत

एसोसिएट प्रोफ़ेसर, हिन्दी विभाग
कुसाट (कोच्चिन विज्ञान एवं प्रौद्योगिकी विश्वविद्यालय)
कोच्ची विश्वविद्यालय (डाक), एरनाकुलम जिला,
केरल–682022

वाणी प्रकाशन

वाणी प्रकाशन

4695, 21-ए, दरियागंज, नयी दिल्ली 110 002

फ़ोन : +91 11 23273167 फ़ैक्स : +91 11 23275710

शाखाएँ

अशोक राजपथ, पटना 800 004, बिहार

कॉफ़ी हाउस कैम्पस, महात्मा गांधी मार्ग, इलाहाबाद 211 001, उत्तर प्रदेश

महात्मा गांधी अन्तरराष्ट्रीय हिन्दी विश्वविद्यालय, वर्धा 442 001, महाराष्ट्र

www.vaniprakashan.com
marketing@vaniprakashan.in
sales@vaniprakashan.in

Harit Kavita
Edited by Prabhakaran Hebbar Illath

ISBN : 978-93-5518-201-2
Poetry Collection

प्रथम संस्करण 2022

मूल्य : ₹ 695

आर. टेक ऑफ़सेट प्रिंटर्स, दिल्ली-110 032 में मुद्रित

वाणी प्रकाशन का लोगो मक़बूल फ़िदा हुसेन की कूची से

अनुक्रम

कविता से हरित संवाद

पिछले साल 31 अक्तूबर से लेकर 12 नवम्बर 2021 तक स्कॉटलैंड के ग्लास्को में विश्वभर में होने वाले पर्यावरणीय परिवर्तन पर विचार–विमर्श करने हेतु शिखर सम्मेलन सम्पन्न हुआ था। इसमें विश्वभर के एक सौ बीस से अधिक राष्ट्रों के प्रतिनिधियों ने भाग लिया था। सम्मेलन के सार के रूप में एक नारा वहाँ बुलन्द था, वह यह था कि 'अब नहीं तो कभी नहीं'; अर्थात् वर्तमान काल में यदि हम प्रकृति को बचा नहीं पायेंगे तो फिर कभी नहीं बचा पायेंगे। इसका तात्पर्य यह निकलता है कि पर्यावरण को बचाने की चिन्ता विश्वभर में छाई हुई है। आज का ज़माना यह जान चुका है कि बिना प्रकृति के इस भूतल में मानव का मात्र नहीं, प्रकृति के सम्पूर्ण जीवरूपों का अतिजीवन आगे निस्सन्देह असम्भव है। प्रकृति से एकदम अलग होकर मानव के अस्तित्त्व की परिकल्पना नहीं की जा सकती है, क्योंकि वह स्वयं प्रकृति का दूसरा रूप है। प्रदूषित, संसाधनहीन, निर्जीव प्रकृति में मानव का चैन से रहना सिर्फ़ एक सपना है। जयप्रकाश कर्दम जैसे समकालीन कवि इस चिन्ता को हमारे सामने रखते हुए कहते हैं कि 'मृत्यु सारे ग्रहों में है, पर जीवन की रंगमयता केवल इस भूमि में मात्र बरकरार है।' अतएव समकालीन संकट की घड़ी में उभरनेवाला ज्वलन्त सवाल यह है कि हम मृत्यु का वरण करें या जीवन का। इस बात को इस भाँति भी व्यक्त किया जा सकता है कि आगामी पीढ़ियाँ सुख–शान्ति से रहें या न रहें। इससे लगता है कि पर्यावरणीय साहित्य का मूलभाव सबको निगलने के लिए तत्पर खड़ी मृत्यु का नितान्त निरोध–विरोध है। पर्यावरणीय संवाद के काल में रेचल कर्सन का नामोल्लेख किये

बिना हम आगे नहीं जा सकते हैं। 1962 में आपकी अमर रचना 'साईलेंट स्प्रिंग' का प्रकाशन हुआ था। उसमें पूँजीवाद और तज्जन्य औद्योगिकीकरण के परिणाम स्वरूप विकसित जीवन परिस्थितियों का हवाला देते हुए आपका कहना यह है कि 'इस पृथ्वी की सारी चीज़ों पर मृत्यु की परछाईं छायी हुई है।' इस सावधानी से ऊर्जा ग्रहण कर विश्वभर के प्रकृति प्रेमी उद्बुद्ध हो उठे। कर्सन की चिन्ता भूगोल के नक़्शे को बदलने में सफल हुई है। आपके द्वारा प्रसारित चेतना से प्रेरणा ग्रहण कर पर्यावरणीय आन्दोलन उभरे, साहित्य रचा गया, संस्थाएँ खड़ी की गयीं, नवाचार निर्मित हुए, राजनीतिक दलों की स्थापना हुई, संविधान तक प्रकृत्योन्मुख होता गया। प्रकृति के साथ सर्जनात्मक व द्वैतहीन सम्बन्ध की माँग करने वाले पर्यावरणीय साहित्य का अध्ययन करना समय की माँग है। आजकल एक विशिष्ट विमर्श का रूप धारण कर पर्यावरण विमर्श मानव समाज के 'सामान्य बोध' को निर्मित करने में योगदान दे रहा है। आशा है कि इससे मनुष्य की वैचारिकता में, अभिवृत्तियों में आमूलचूल परिवर्तन हो। इस अन्दाज़ में पर्यावरण साहित्य मानव की समूची वर्तमान संस्कृति के विमर्श का रूप धारण करता है। परिवर्तन की लहरें इस भाँति उठ रही हैं कि आज का मानव उसी भाँति प्रकृति/पर्यावरण को चाहता है, जैसे मरते जाने वाला आदमी ज़िन्दगी को वापस चाहता है। इस जीवन्त चाहत को समकालीन हिन्दी कविता सम्बोधित करती है। समकालीन हिन्दी कविता प्रकृति के संरक्षण और परिरक्षण की माँग तो करती है, साथ ही जैविक अधिकारों की माँग करते हुए सत्ता के सम्मुख विकल्पों की दुनिया खोलती है और आगाह करती है कि जीवन को कैसे पुनः संरचित किया जाये। ज्ञानेन्द्रपति, उदय प्रकाश और पूनम अग्रवाल की एक–एक कविता के आलोक में समकालीन कविता की पर्यावरणीय सजगता को समझने की मशक्कत आगे कर रहा हूँ।

(2)

ज्ञानेंद्रपति की एक मशहूर कविता का शीर्षक है 'यह पृथ्वी क्या केवल तुम्हारी है।' शीर्षक अपने आप में संवादात्मकता का मंच तैयार करता है। शीर्षक में प्रश्नवाचक शब्द 'क्या' की हाज़िरी है, जो अपने आप में जागरण या विवेकसम्मत 'आत्म' का लक्षण है। यह संकटग्रस्त इतिहास की निर्मिति है, युगबोध का तेज़ है। सवालिया चिह्न कविता के चारों तरफ़ फैले हुए दिखते हैं। प्राकृतिक दोहन, मानव की अनैतिक भोग–लिप्सा, ज्ञान के अविवेकपूर्ण प्रयोग तथा जीवरूपों की अधिकारहीनता की स्थिति पर जाकर वे प्रश्न लग जाते हैं। जब कविता निरन्तर प्रश्नावली ले आती है तो नाटकीय चारुता के साथ वाद–प्रतिवाद का माहौल खड़ा होता है। नाटकीय संवादात्मकता की उत्कृष्टता से मानव का आत्म/वैचारिक बोध उन्नत होता है। संवाद–प्रतिसंवाद की घुमावदार सीढ़ी से होकर ही ज्ञानात्मक अन्वेषण की उत्तुंगता हासिल की जा सकती है। बचपन में बच्चे अनगिनत सवालों की टोकरी ले चलते हैं। अपने आसपास के परिवेश के सही रूप की पहचान के लिए किये जाने वाले इस मासूम प्रयास से यथार्थ का सच्चा रूप उनके समक्ष प्रत्यक्ष होता है। स्वस्थ संवादात्मकता का नैरन्तर्य स्वस्थ एवं विकसनशील लोकतन्त्रात्मक जीवन पद्धति का लक्षण है। कविता के संवाद का सौन्दर्य इस बात में भी हम देख सकते हैं कि हरगिज़ आदरसूचक सर्वनाम 'आप' का इस्तेमाल कविता नहीं करती है। बराबरी की हैसियत पर टिकते हुए कविता का चरित नायक केंचुआ प्रति/खलनायक महत्वाकांक्षी मानव के साथ नागरिक बोध के ठोस धरातल पर अडिग रहकर समत्व बोधक सर्वनाम 'तुम' का प्रयोग करते हुए संवाद के लिए सन्नद्ध होता है, जो प्रथम वाचन में ही अनुवाचक के मनोरथ में असीम स्थैर्य संचारित करता है। कविता की प्रतीकात्मक शैली का विवेचन–विश्लेषण किये जाने पर लगता है कि यह संवाद कविता में मानव और मानवेतर जगत के बीच के संवाद का रूप ग्रहण करता है। यह संवाद ज्वलनशील अहं से अपदस्थ होने

वाली जीवन स्थितियों का पीछा करता है और व्यापक जीवन परिवेश की पीड़ा को सोखते हुए हमारी चलती संस्कृति/सभ्यता के भीतर की संस्कृतिहीनता/असभ्यता को खोल देता है। कविता का शीर्षक बार–बार पढ़े जाने पर निष्कर्ष के रूप में इस आलेख के शीर्षक तक हम आराम से पहुँच सकते हैं। इससे सबकी समानता और सबकी समान अधिकार चेतना की संवाद भूमि पर पाठक अवतरित होता है। कविता अपने वैचारिक संवाद से यह स्थापित करती है कि हवा, पानी, रोशनी, चाँदनी आदि पर सभी प्राणिजातों का समान 'हक़–हुकूक' है, इसी तरह पृथ्वी के समस्त संसाधनों पर सबका 'मालिकाना' है। यह मालिकानापन केंचुए के साकल्यवादी जीवन दर्शन की आधारशिला कही जा सकती है। केंचुआ हर दम इसी की पैरोकारी करता है कि इस संसार के हर एक जीवरूप (जैविक–अजैविक पदार्थ) की अपनी विशिष्ट स्थली अवश्य है। अपनी उपस्थिति से प्रकृति का हर कण इस संसार को विशिष्ट ढंग से द्योतित करता है और प्रकृति के सारसत्तात्मक आधार (ओंटोलोजिकल बेस) को आलोकित करता है। एक तत्त्व दूसरे से इस भाँति जुड़ा हुआ है कि किसी एक के खण्डित होने से प्रकृति की बुनियाद गड़बड़ हो जाती है, जीवन में इससे असमंजस की स्थिति खड़ी होती है। यही वर्तमान पर्यावरण संकट का मूल है, जो प्रकृति में परिव्याप्त जैविकता का भंजन करती है। जैविक समानता और जैविक अधिकार का स्वर कविता अपने भीतर इस इतिहासबोध के बल पर बुलन्द करती है। यही कविता के भीतर का 'नवजागरण' है।

अधिकार की प्राप्ति से जैसे कि हम जानते हैं कि सम्मान के साथ जीना मुमकिन होता है। कविता मानव के अधिकार (मानवाधिकार) की बात नहीं करती है या वर्तमान जीवन के परिपार्श्व में खड़े होकर ज़ोर देकर हम कह सकते हैं कि मानव केन्द्रिता का पक्ष मानव द्वारा की जाने वाली विध्वंसात्मकता के समय में युक्तिसंगत नहीं ठहराया जा सकता है। मानवाधिकार की अवस्थिति समस्त जीवरूपों के जीने के नैसर्गिक अधिकार के बाद

की सांस्कृतिक जीवन की स्थिति है। यहाँ कविता अधिकारों की परिकल्पना को प्रकृति के संरक्षण के सिलसिले में करती है। इससे कविता का भाव–धरातल व्यापकत्व ग्रहण करता है। पर्यावरणीय सजगता को विस्तारित करते हुए समस्त प्रकृति के जीवरूपों के अधिकारों की बात करने वाली कविता वर्तमान समाज को विचार मन्थन के लिए विवश करती है। हिंसा–प्रतिहिंसा की सभ्यता को देखकर लगता है कि आज का मानव सामाजिक पागलपन का शिकार हो चुका है। (रोस्साक से आभार) यह सत्तात्मकता से उपजा पागलपन है। यदि समाज के सारे के सारे लोग पगला गये तो दुनिया पागलखाना हो जायेगी। मध्यकाल के सन्त कवि कबीर जग के बौराए जाने की बात तो 'साधो देखो जग बौराना' नामक पद में करते हैं। पागल आदमी अपने में अविवेकी होता है। इस आत्मघाती विवेकहीनता को कविता अपने काव्यात्मक अन्दाज़ में इस भाँति प्रकट करती है कि 'पियक्कड़ ड्राइवर पिटरोल टैंकर के पास बीड़ी सुलगाता है।' सत्ता की उन्मत्तता से हम वाकिफ़ हो चुके हैं। विश्वयुद्ध के दौरान 'अमरीका' ने परमाणु बममारी से हिरोशिमा और नागसाकी के लाखों लोगों के लिए नरक के द्वार 1945 अगस्त की छह और नौ तारीख़ को खोल दिये। यह मशहूर है कि जब कभी वर्चस्वकामी अमरीका का राष्ट्रपति वर्तमान में पर्यटनार्थ राष्ट्र से बाहर निकलता है, तो वह 'लालबटनवाली पेटी' लेकर घूमता है। वह इस मंशा से लेकर निकलता है कि जब चाहे वह काली पेटी खोलकर अपने दूरस्थ सैनिक केन्द्रों के कोड़ से अपना कोड़ मिलाकर संहारात्मक ताण्डव कर सकता है, अपने ज्वलनशील अहं का प्रदर्शन कर सकता है। कविता अपने प्रतीकी विधान में अहं के इस शृंखलाबद्ध विस्तारता को हर्ष से लेकर वर्तमान सत्ता तक में देखती है। समय की सीमा को भेदकर कविता अपने भीतर यह आशंका भी व्यक्त करती है कि भविष्य में भी इसके विकास होने की सम्भावना है। ऊपर उद्धृत भाव कविता की अन्तिम पंक्तियों में विन्यस्त है, लगता है कि इसे कविता की प्रारम्भिक पंक्तियों के साथ जोड़कर पढ़ा जाना चाहिए।

वह जुड़ाव इस क्रमिकता में है कि कविता के प्रारम्भ में शक्तिशाली राष्ट्र का सिरमौर अपने उन्माद को प्रदर्शित करता है, वह अपने में नृशंसता और अविवेक की पराकाष्ठा है। कवि का कहना है कि "एक शक्तिशाली राष्ट्र के सिरमौर!/अपने ज्वलनशील अहं से/परमाणु बमों के विस्फोटक लाल बटनवाले काले ब्रीफकेस को/बस उतनी दूर लिए/जितनी अपनी बीड़ी से पिटरोल/पिटरोल टैंकर का पियेला ड्राइवर!" ऐसी पगली दुनिया में कवि हकीम के रूप में आता है, पगली दुनिया का इलाज करता है। विभ्रमित/अविवेकी दुनिया के लिए कवि/कविता की सख़्त ज़रूरत है, वही इस व्यापक विभ्रामकता से मानव की रक्षा कर सकेगा, भविष्योन्मुखी वैचारिकता के सम्प्रेषण से मानव को स्वस्थ–मुक्त कर सकेगा। भ्रम–विभ्रामकता से भरी सांस्कृतिक विकृति में मानव यह सोचता है कि वह अजेय है, वह अपने आप में परिपूर्ण है, क्योंकि गर्व इस बात को लेकर भी है कि उसके पास ज्ञान–विज्ञान की शक्ति–सम्पत्ति है। ज्ञान वास्तव में इस संसार को समझने की मानवीय सर्जनात्मक कला का नाम है, लेकिन उद्दीप्त अहं से संचालित पूँजीवादी मन ज्ञान को वर्चस्व के विस्तार के उपकरण के रूप में उपयोग करता है। एक ऐसी भावना भी प्रबल है कि मानव यह विश्वास रखता है कि ज्ञान–विज्ञान–प्रौद्योगिकी जीवन में ख़ुशहाली लाती है। प्रौद्योगिकी तो मानव जीवन की कुछ व्यावहारिक समस्याओं को हल करने में समर्थ है, पर इसका फ़ायदा सिर्फ़ मानव को प्राप्त होता है, किसी अन्य को नहीं। मानव के पास जो ज्ञानात्मक सत्ता है, वह असन्तुलन का बीज बोती है। ज्ञानेन्द्रपति का कवि मन अत्यन्त सूझ–बूझ के साथ इस विपदा को बारीकी से सम्बोधित करता है। कविता की माँग यही है कि जैविक समानता की स्थिति सत्तात्मकता के विविध रूपों के लोकतन्त्रात्मक वितरण से मात्र सम्भव है। इससे जीवन के समस्त आयामों में सन्तोष एवं न्याय का विस्तार होगा। न्याय सामाजिक परितृप्ति का नाम है, जिसे जीवन के क्रम में योजनाबद्ध वैज्ञानिक परिवर्तन करके ही हासिल

किया जा सकता है। इसलिए कविता यहाँ नवीन जीवन कला सामने रखती है। कविता जानती है कि अतिशय 'काम' की तृप्ति नहीं हो सकती है, त्याग में ही समृद्धि है। उपनिषदों में कहा गया है कि "ईशावास्यमिदम् सर्वं, यत्किंच जगत्यांजगत्, तेन त्यक्तेन भुंजीथा, मागृधः कस्यसिद्धवनम्" (ईशोपनिषद् मन्त्र 1) भोग और त्याग साथ–साथ चलने वाले नहीं हैं, दोनों में विरोध की स्थिति है। वैदिक ऋचाओं में कथित त्याग/परित्याग/संन्यास में सारे के सारे जागतिक बन्धनों के ढीले पड़ जाने का भाव है, अन्धे सांसारिक आकर्षण से मुक्त होने का भाव है, भोग के निरसन का भाव है। इसके मुक़ाबले यहाँ तो भोग ही मूल्य है। इस तहत यह भी भ्रम फैला हुआ है कि इस संसार की सारी की सारी चीज़ें मानव के उपभोग के लिए बनी हुई हैं। मानव प्राणी के भीतर ऐसा संकल्प इसलिए विकसित हुआ है कि उसके पास चिन्तन–मनन की शक्ति है, वह उसकी ख़ास पहचान है, अस्तित्त्व का आधार है। हम इससे परिचित हैं कि कार्टीशन द्वैतवाद वास्तव में प्रकृति पर अपने वर्चस्व स्थापित करने की पूर्व–पीठिका तैयार करता है। मन और शरीर को अलग–अलग तत्त्व के रूप में स्वीकार करने वाली यह अवधारणा वैयक्तिकता को प्रतिष्ठित करती है। यह सिद्धान्त विशेष मानव की क्षमता पर विश्वास करता है। इससे मानव के इतिहास में नया मोड़ आता है। इस बिन्दु से मानव–केन्द्रित आधुनिकता का संवहन शुरू होता है। समस्त जीवरूपों पर अपना प्रभुत्व स्थापित करते हुए मानव–केन्द्रिता उसके 'अहं' को उद्दीप्त करती है।

प्रस्तुत कविता की शुरुआती पंक्तियाँ जैसे उल्लेख किया जा चुका है कि मानव की महत्वाकांक्षा की काव्यात्मक–प्रतीकात्मक–सिनेमाटिक प्रस्तुति हैं। चार्ली चैप्लिन द्वारा निर्देशित 'द ग्रेट डिक्टेटर' (1940) फ़िल्म के सीन को काव्यबद्ध करते हुए कवि लिखता है– "एक शक्तिशाली राष्ट्र के सिरमौर/तुम्हारी उल्लसित कल्पनाओं में/पृथ्वी तुम्हारी उँगलियों पर नाचता क्रीड़ाकन्दुक/–ठीक वैसा जैसा 'दि ग्रेट डिक्टेटर' में/

चैप्लिन ने दिखाया था।" इस फ़िल्म में चार्ली चैप्लिन अपनी अतुल अभिनय कुशलता से यह करके दिखाते हैं कि आधुनिक मानव के भीतर महत्वाकांक्षा का विष कहाँ तक घुस गया है, प्रकृति/मानव पर आधिपत्य स्थापित करने की निगूढ़ लिप्सा कहाँ तक रूढ़ हुई है। एक 'ग्लोब' लेकर कन्दुक (गेंद) की भाँति चैप्लिन उक्त फ़िल्म के उस रंग में खेलते–नाचते हैं, न जाने क्या–क्या कर जाते हैं। उनके विभिन्न हाव–भाव फ़िल्म के सीन देखते ही बनते हैं। उनका चेहरा प्रसन्नता से भर उठता है, विश्वविजयी भावना में मुग्ध होकर खेलते–कूदते–नाचते वक़्त अन्त में वह 'क्रीड़ा कन्दुक' (पृथ्वी) टूट जाता है, पृथ्वी का विध्वंस पूर्ण होता है। यह उन्मत्त 'समुत्सारणबद्धपर्यंतमण्डल' (बाणभट्ट के 'हर्षचरित' के राजा हर्ष को याद करते हुए) में खड़ा जर्मन डिक्टेटर जन–जगत से विमुख राजसत्ता का प्रतीक है, जो हिटलर, ट्रूमान से होकर वर्तमान अलोकतान्त्रिक राजसत्ता की गद्दी तक को अपने भीतर समेटता है। सत्ता की संरचना इस भाँति कविता के कलेवर में अपना बसेरा बनाती है।

कविता के शीर्षक में भूमि के अन्य पर्यायवाची शब्दों को छोड़कर पृथ्वी शब्द का इस्तेमाल ज्ञानेन्द्रपति करते हैं। 'पृथ्वी' शब्द अपनी अर्थवत्ता में 'विशालता' के भाव को धारण करता है जो स्वयं जैविकता के विस्तार को प्रतिबिम्बित करता है। इस ढंग से विचार किये जाने पर लगता है कि 'द ग्रेट डिक्टेटर' में चित्रित कन्दुक का टूट जाना, कविता के आख्यान–पुनराख्यान की स्थली में जैविकता का टूट जाना होता है। 'पृथ्वी' शब्द का सरोकार पौराणिक–मिथकीय पात्र 'पृथु' से जा मिलता है। उसने मिथक के अनुसार सम्पूर्ण पृथ्वी पर अपना शासन स्थापित किया था। कविता पूँजी के एकाधिराज को संकेतित भाषा में व्यक्त करने के लिए मिथक की प्रतीकावली ले आती है। हम अनुभव करते हैं कि अर्थतन्त्र अन्याय के तन्त्र का रूप ग्रहण कर धरा को निगल लेने को तत्पर है। उदाहरण के लिए औद्योगिकीकरण के परिणामस्वरूप कार्बन की मात्रा अन्तरिक्ष में बढ़ती जा रही है,

जिससे अन्तरिक्ष में तापमान लगातार बढ़ता जा रहा है। विश्व के 'औद्योगिक' एवं 'विकसित' राष्ट्र ही इसके लिए ज़िम्मेदार हैं। वर्तमान तापमान में दो से लेकर तीन डिग्री सेलसियस तक की वृद्धि हो जाने से पृथ्वी के एक तिहाई लोग पानी में डूब मरेंगे। यह इसलिए सम्भव होता है कि आर्टिक और अंटार्टिक के हिमखण्ड के व्यापक पिघलन से समुन्दर के पानी का स्तर दो से लेकर चार फ़ीट तक बढ़ जायेगा। संकेत इतना ही है कि यदि सावधानी न बरतें या चेतावनी पर कान न दें तो निकटतम भविष्य में जीवन की सारी लीला समाप्त हो जायेगी। कविता के शक्तिशाली राष्ट्र के सिरमौर को इसका अता-पता नहीं है। कविता में आने वाला सिरमौर प्रत्यक्षतः जर्मन चांसलर हिटलर है, पर अप्रत्यक्षतः विकसनशील ज्वलनशील अंहकार से आहत पूँजी के संचालकों को ही वह शब्द प्रतीकबद्ध करता है। इन सबके लिए प्राकृतिक सम्पत्ति पर अपनी प्रभुता कायम करना अपनी शक्ति-सम्पत्ति के विस्तार के लिए अनिवार्य है। दो विश्वयुद्ध जो हुए, उसके पीछे भी आर्थिक हित एवं संसाधनों पर अधिकार स्थापित करने की वर्जित जुगुप्सात्मक लिप्सा की यन्त्रणा-मन्त्रणा थी। इतिहास के पन्ने इसके साक्ष्य हैं। पन्ने पलटने से यह बात भी साफ़ हो जाती है कि सत्ता के क्रोड़ में विध्वंसात्मकता है, प्रभुत्वकामी आकांक्षा है, अन्याय का बोलबाला है। शक्ति-अन्याय की संपृक्ति के बारे में निराला की 'राम की शक्तिपूजा' हमें पर्याप्त संकेत तो दे चुकी है। कवि का राम यह जानता है कि 'अन्याय जिधर उधर शक्ति।' इस अन्याय का मुकम्मल रूप ज्ञानेन्द्रपति जी की कविता में प्रतीकात्मक रूप में विन्यस्त है। हमारी सभ्यता के भीतर की 'अन्याय प्रियता', 'विध्वंसात्मकता' के कारण बहरहाल परमाणु परीक्षण करते समय मानव कदापि यह नहीं सोचता है कि भूमि के अन्तरंग में रहने वाले छोटे-छोटे प्राणियों का क्या होगा या पृथ्वी के अन्य जीव-रूपों पर उसका प्रभाव किस प्रकार पड़ेगा। केंचुआ अपने अनुभव को सकेन्द्रित रूप में प्रस्तुत करते हुए यूँ बताता है कि परमाणु परीक्षण से मिट्टी की देह कम्पित

हो जाती है, मर्म स्थल पर पड़ी मार से सम्पूर्ण भूगोल चूर–चूर हो जाता है। केंचुआ जानता है कि आज के मानव के मन में जंगलीपन भर गया है। पागलपन की हद यहाँ तक कि केंचुए की भाषा में विनाश के हथकण्डों के हज़ारों दृष्टान्तों के पेश आने के बावजूद, मज़ाक़ की स्थिति यह है कि मानव अपने को 'अग्रगामी' या 'पुरोगामी' कहता है। क्या हिंसा 'अग्रगामिता' या 'पुरोगामिता' का मानदण्ड बन गया है! कविता विचार करने के लिए विवश करती है कि 'विकसित', 'आधुनिक' आदि विशेषण क्या आज के मानव के लिए शोभा देते हैं? दूसरों से विमुख होकर क्या कोई आधुनिक/विकसित हो सकता है? समूचे विश्व को पल भर में सौ–सौ बार भस्मीकृत कर देने की ताक़त लिए हुए हथियारों को बटोरते हुए मानव क्या अपने लिए मशान नहीं तैयार कर रहा है? शक्तिशाली राष्ट्र का सिरमौर 'द ग्रेट डिक्टेटर' सिनेमा के अन्त में यह समझता है कि मानव–मानव और मानव–प्रकृति के बीच के द्वैतहीन सम्बन्ध में ही जीवन का उजाला है, उम्मीद है। फ़िल्म में चैप्लिन द्वारा दिया गया तकरीबन साढ़े तीन मिनट का भाषण आगामी पीढ़ी के लिए 'माग्नकार्टा' है। वे कहते हैं कि "मैं आगे विश्वविजेता नहीं बनना चाहता हूँ और आगे किसी को अपने अधीन नहीं रखना चाहता हूँ। मैं दूसरों की खुशहाली में अपनी ख़ुशहाली स्वीकार करता हूँ, एक–दूसरे के दुख में सन्तोष का अनुभव नहीं करता हूँ। इस संसार में हर किसी का अपना–अपना स्थान है। लोभ ने ही मानव के मन को विषाक्त कर दिया है। इसीसे ही हम एक–दूसरे से अलग हो गये हैं। हमें मानवता की ज़रूरत है। सिर्फ़ ममता और शराफ़त से अच्छा–ख़ासा जीवन बिताया जा सकता है। इसके अभाव में जीवन में प्रवंचना और क्रूरता का विस्तार हो जायेगा, सबका सत्यनाश हो जायेगा। सार्वलौकिक भाईचारा मात्र मानव के जीवन में एकात्मकता ला सकता है। वही सारे बन्धनों को तोड़ सकता है।"

कविता में आनेवाला 'पाषाण हृदय' वज़नदार शब्द है, जो हमारी सभ्यता के भीतर की भावहीनता, संकीर्णता, अमानवीयता को

सामने लाता है। कविता संकेतित करती है कि इन सबके अभाव में मानव पार्थिवता का साकार मात्र है। "नृशंस विजेता की बर्बर मुद्रा में" खड़ा कविता का पथरीला प्रतिनायक इस भाव–शून्यता की साकार मूर्ति है। केंचुआ पहचानता है कि 'शोषकों शासकों के कुनबा देश–भेद, नाम–भेद के बावजूद एक है।' "मैं (केंचुआ) पूछता हूँ/यह पृथ्वी क्या केवल तुम्हारी है?/क्या तुम्हें/एक केंचुए के पास जाकर/पृथ्वी को उर्वर करने में तल्लीन केंचुए के पास/नहीं पूछना चाहिए/पृथ्वी के बारे में कोई भी अहम फ़ैसला लेने से पहले!/कौन जाने, पृथ्वी के भविष्य को ले, तुमसे ज़्यादा चिन्तित रहती हों चींटियाँ!" दानवाधिकार से भिड़कर जैविक अधिकार के प्रतिपादन के क्रम में कविता का नायक कहता है– "मैं तुम्हारे लिए खेत की मूली ही सही/चलो, तुम्हारे ही खेत की– और लो, सचमुच की–/इस पृथ्वी पर मेरा अधिकार/तुमसे कम तो नहीं/पृथ्वी के अँधेरे में जागा हुआ जीवन/पृथ्वी के बारे में क्या तुमसे कुछ कम जानता है।"

इस विवेचन से लगता है कि हमारी 'संस्कृति' में अनेक विषैले कीड़े प्रवेश कर गये हैं जो मानव के भीतर के आनन्द तत्त्व (प्लेशर प्रिंसिपल) का निषेध करते हैं तथा यथार्थ तत्त्व (रियालिटी प्रिंसिपल) में आबद्ध कर देते हैं। आनन्द तत्त्व की प्राप्ति 'प्रकृति जीवन' से मात्र होती है तो यथार्थ तत्त्व मानव की संस्कृति का उत्पाद है। धर्म, सत्ता, सामाजिक–राजनीतिक संस्थाएं, मूल्य–व्यवस्था आदि से यथार्थ तत्त्व का ढाँचा खड़ा होता है। बच्चा वास्तव में आनन्द तत्त्व का अनुसरण करता है। जब बच्चा समाज के प्रांगण में उतरता है तो यथार्थ तत्त्व उसके ऊपर हावी होने लगता है। यहाँ कविता यथार्थ तत्त्व के भीतर की विकृति का विरोध करती है और कोशिश करती है कि यथार्थ तत्त्व को आनन्द तत्त्व के अनुकूल ढाल दे। वर्तमान में सामाजिक–सांस्कृतिक जीवन में विषमताएँ जो उभर रही हैं, कृत्रिम संस्कृति का परिणाम है। अवश्य ही मानव के भीतर प्रकृति के साथ समायोजित करके जीने की कला है, लेकिन जब मानव पर यथार्थ तत्त्व आवृत हो

जाता है तो मानव अपने बुनियादी संवेगों से हटकर प्रकृति से कट जाता है, मानव अपने 'पर्यावरणीय अवचेतन' (एनवायरॉन्मेंटल अनकॉनशियस) से दूर हो जाता है। मानव का मन और मानव का बोधात्मक स्तर भौतिक जगत के अनुरूप निर्धारित होता है और मानव के पर्यावरणीय अवचेतन में उसके ऐतिहासिक जीवन की मुद्राएँ अंकित होती हैं। इस धरातल पर पहले मानव का, प्रकृति के साथ का अद्वैतात्मक सम्बन्ध अतीत से विकसित होता आया है। कविता यहाँ यथार्थ तत्त्व की प्रतिस्थापना आनन्द तत्त्व के माध्यम से करना चाहती है। अन्नमय, प्राणमय, मनोमय, विज्ञानमय, आनन्दमय कोश जैसी परिकल्पनाएँ अपने मूल स्वरूप में पर्यावरणीय मनोविज्ञान को ही विकीर्ण कर रही हैं। इस आलोक में 'इकोसफी टी' जैसी अर्नेनेस की गहन पर्यावरणवादी परिकल्पना पर विचार किया जाना चाहिए। 'गहन' के साथ एक 'सतही' या 'शालो' पर्यावरणवाद की चर्चा यहाँ चलती है। विचार करने पर लगता है कि सतही पर्यावरणवाद के मूल में मानव केन्द्रिता की भावना कार्यरत है। इसका सम्बन्ध उपयोगितावाद/प्रयोजनवाद से है। जब कोई पर्यावरण समस्या खड़ी होती है तो उसका समाधान तत्काल खोजा जाता है। यह स्थायी समाधान प्रदान नहीं करता है। जिस कृत्रिम जीवन पद्धति में मानव अब जी रहा है, उससे उत्पन्न क्रम भंग से जो समस्या उत्पन्न होती है, ऐसी समस्याओं को मात्र सतही पर्यावरणवाद हमारे सामने रखता है। इसकी तुलना में गहन पर्यावरणवाद प्रकृति की हर एक वस्तु की आन्तरिक मूल्यवत्ता को अंगीकार करता है। मानव की सोच यह है कि जो मानव के लिए ज़रूरी है, उसको बचाएँ, जो ग़ैरज़रूरी है, उसको निकाल दें। गहन पर्यावरणवाद इस कोटि की 'सतही' दृष्टि का विरोध करता है। 'गहन' का पक्षधर बहुत से सवालों को हमारे सामने पेश करता है, जो अनेक दार्शनिक गुत्थियों से हमें मुखातिब कराता है। गहन पर्यावरणवाद यह पूछता है कि यह जगत किसके लिए है?, इस सृजन के पीछे कोई उद्देश्य/राज़ हैं क्या? मानव और मानवेतर के बीच का सम्बन्ध किस प्रकार का

होना चाहिए? जीवन के वर्तमान परिदृश्य की सीमाओं पर विचार करते हुए गहन पर्यावरणवादियों का कहना है कि मानव मात्र की हक़दारी पृथ्वी में चलेगी नहीं। यह सही है कि उपयोगिता के आधार पर प्रकृति की विभिन्न वस्तुओं के मूल्य का निर्धारण नहीं किया जा सकता है। जीवन सन्धारण के लिए पानी की ज़रूरत है, कभी जान बचाने के लिए एक बून्द पानी काम आता है, ऐसे समय पानी का मूल्य बाज़ारी प्रक्रिया के माध्यम से तय नहीं किया जा सकता है। यह सिद्धान्त विशेष इसका भी अंगीकार करता है कि जैव–वैविध्य मानव के अतिजीवन तथा सौन्दर्यात्मक जगत की सर्जना के लिए अनिवार्य है। बुनियादी ज़रूरतों की पूर्ति हेतु मात्र प्रकृति में न्यूनतम परिवर्तन हम करें, जो पृथ्वी को गहरा आघात न पहुँचाएँ। अन्य जीवरूपों की नैसर्गिक स्थिति में परिवर्तन करने का कोई विशेषाधिकार मानव को प्राप्त नहीं है। मानव अपना प्राकृतिक हस्तक्षेप कम करें और नयी प्रकृत्योन्मुखी विचारधारा के बल पर खोए हुए प्राकृतिक वैभव को पुनः प्राप्त कर लें। मानव समूची जैविक श्रृंखला की कड़ी मात्र है। प्रकृति की समग्रता/समंजन में ही जीवन की अवस्थिति सम्भव है। जीवन की सम्पूर्णता किसी एक अंश में नहीं रहती है, सारे अंगों के सम्यक समावेश से सम्पूर्णता विकसित होती है। हाँ, जंगल की सुन्दरता किसी एक पेड़ के पत्ते में निहित तत्त्व नहीं है, वैविध्य की रंगस्थली में ही सुन्दरता का परिपाक है। समुन्दर के तट को सुन्दर बनाने में हर एक सैकत का अपना योगदान है। (द हॉल इज़ द सम ऑफ़ ऑल इट्स पार्ट्स) इकोसफी इस अन्दाज़ में गहन पर्यावरणवाद के दार्शनिक मतवाद का नाम है। प्रस्तुत वाद विशेष हिंसा का नितान्त विरोध करता है, आतंक का निषेध करता है। यह सिद्धान्त सह जीवन (सिम्बयोसिस), जैविक समानता (बायोस्पेरिकल इक्वालिटी) आदि को अपने मूल्य के रूप में स्वीकार करता है।

कविता इस जगत के साथ मानव द्वारा की जानेवाली सक्रिय–तार्किक भागीदारी का अभिलेख है, मानव की जैविकता का भव्य रूप है। यह मानव की सर्जनात्मक अस्मिता को स्थापित व संरचित करती है। कविता अपने मूल में शब्दों का सौन्दर्यात्मक मयूर–नृत्य है। 'लुभाने' की कला के साथ कविता अपने शब्द–सन्धान से जीवन को नये ढंग से रचने का कार्य करती है। शब्द रचना विचारों की रचना है, विचारों की रचना जगत की कल्पनात्मक पुनर्रचना है। समीकरण की भाषा में कविता यथार्थ, विचार, कल्पना की घनीभूत भव्यमय बिम्बावली और प्रतीकावली का रूप है। अनुभवों की भट्ठी से निर्मित अर्थवत्ता मानव के कर्तृत्व को रूपायित करती है। कविता की अगली कड़ी कवि के काव्य व्यक्तित्त्व की तरफ़ उन्मुख है, जिसकी जड़ हमारी संस्कृति के 'गोमुख' तक जाती है। समकालीन कवि की घोषणा यही है कि मैं उस परम्परा का कवि हूँ, जो इस पृथ्वी पर पैर रखने से पहले भूमि माता से क्षमा याचना किया करता था। संस्कृत में एक कारिका है, वह कहता है कि "समुद्र वसने देवी / पर्वत स्तनमण्डले / विष्णु पत्नी नमस्तुभ्यम / पादस्पर्शम क्षमस्वमे।" ऋषि मन यह कहता है कि 'यत्ते भूमे विखनामि क्षिप्रं तदपि रोहतु। मां ते मर्म विमृग्वरी या ते हृदयमर्पितम्।' (हे माते, मैं तुम्हें हानि जो पहुँचाता हूँ, यथाशीघ्र उसकी क्षतिपूर्ति हो जाये। आपके मर्म स्थल और हृदय को पीड़ा न पहुँचे) हमारे कवि 'कवि' मात्र न थे, 'द्रष्टा' थे, जिसके पास 'दृष्टि' थी। अथर्ववेद के बारहवें काण्ड में पृथ्वी सूक्त है। निवेदन पृथ्वी से यह है कि सबके लिए विस्तृत निवास स्थान प्रदान करे। अथर्ववेद में यह लिखा हुआ है कि 'पृथ्वी का हृदय व्योम में स्थित है।' (यस्या हृदयम् परमे व्योमन्, अथर्ववेद–12 / 1 / 8) इसका अर्थ यह भी निकलता है कि अन्तरिक्ष में होने वाला परिवर्तन भूमि को भी प्रभावित करेगा। आगे के मन्त्रों में यह कहा हुआ

है कि 'माँ रूपी पृथ्वी से ही सारी वनस्पतियाँ जन्मी हैं।' मनुष्य कुल की आदि माँ के रूप में प्रकृति की गिनती की जाती है। असल में हम प्रकृति को ओढ़कर जी रहे हैं। प्रकृति से दूर होने का मतलब जीवन से दूर होना होता है। इसलिए नकली विकास संस्कृति की विनाशकारी यात्रा का अन्त किया जाना चाहिए, जो केंचुआ, चींटी आदि को 'खेत की मूली' समझती है। ज़मीन के अँधेरे में जागे हुए जीवरूप पृथ्वी की समृद्धि के लिए अहर्निश प्रयत्नशील हैं। अहं की ज्वलनशीलता से आहत होकर इस सच्चाई से हमारा साक्षात्कार नहीं होता है। यहाँ तक आते–आते कविता प्रकृति की 'उर्वर प्रतिभा' (नव निर्माण क्षमता) की प्रोद्घोषणा के साथ उज्ज्वल 'जैविक लोकतान्त्रिक विचारधारा' से परिपुष्ट 'जैव राजनीति' को हमारे सामने पेश करती है। शक्ति–सम्पत्ति संग्रहण वृत्ति से दूर रहता 'जैविक लोकतन्त्र' अतिजीवन को साध्य कर दे सकने की न्यूनतम हिंसा का अवलम्बन लेकर आगे बढ़ता है, पर संग्रहण और संहार के ज़रिये असन्तुलन और हिंसा के विस्तार से तथाकथित सभ्य कहे जाने वाले लोगों का 'लोक–तन्त्र' आगे सरकता है। कविता ऐसी वृत्तियों को जड़ से उन्मूलित करने का पक्ष लेती है। ज्ञान–विज्ञान–प्रौद्योगिकी की चाकचौंध से विलुप्त होकर प्राकृतिक सौन्दर्य को देखने की जो आँखें हमारी नष्ट हो चुकी हैं, वे हमें शीघ्र वापस मिल जायें। हम यह अनुभव करते हैं कि कविता में प्रवाहित दो धाराएँ; एक तो ध्वंसात्मक 'राजसत्ता' की धारा है, जिसमें सारे के सारे 'सिरमौर' शामिल हैं। समान्तर प्रवाहमान दूसरी धारा 'रचनात्मकता' की धारा है। रचनात्मकता की धारा सबके 'जीने के नैसर्गिक अधिकार' की हिमायत करती है, उसमें वैदिक कवि, समकालीन कवि, केंचुआ, चींटी, मूली आदि आते हैं, जो 'दानव सत्ता' के सम्मुख संवाद के ज़रिये यह स्थापित करती है कि यह पृथ्वी हमारी भी है, हमारा जीवन इसी पृथ्वी का प्रदत्त है–

"तुम्हारे एक पुरापूर्वज ने कहा :
धरती! ऋणी हूँ तुम्हारा
और हूँ क्षमाप्रार्थी
ऋणी कि धारण करती हो मुझको, सर्वंसहे!
क्षमाप्रार्थी तुम्हें खोदने–खनने–रौंदने के लिए
कि जिसके बिना चल नहीं सकता जीवन
जो तुम्हारा ही तो दिया है।"

('ऋण–बोध : ऋण–शोध', ज्ञानेन्द्रपति की कविता से)

(3)

Tortures

Nothing has changed.
The body is susceptible to pain,
it must eat and breathe air and sleep,
it has thin skin and blood right underneath,
an adequate stock of teeth and nails,
its bones are breakable, its joints are stretchable.
In tortures all this is taken into account.

(WislawaSzymborska)

भोपाल गैस दुर्घटना पर आधारित उदय प्रकाश की कविता 'भीमसेन जोशी प्रसंग' संवेदनशील काव्य–पाठक के दिल को धक्का पहुँचाती है और ऐसे क्षणों में सिम्बोर्स्का की पंक्ति का याद आना भी एकदम स्वाभाविक है। सम्पूर्ण कविता में मृत्यु की कालिमा या विष की नीलिमा छायी हुई है। भोपाल की दुर्घटना एक प्राकृतिक या नेचुरल दुर्घटना नहीं है, उसे मानव के हस्तक्षेप से सम्पन्न घटना के रूप में देखा जाना चाहिए या उसे पूँजीवादी विकास की संकुचित अवधारणा के परिणाम के रूप में स्वीकार किया जाना चाहिए। यूनियन कार्बाइड कारख़ाने से

रिसित 'मिथाईल आयसोसायनेट' की वजह से सरकारी आँकड़ों के अनुसार क़रीब पाँच हज़ार से ज़्यादा लोग मर गये थे, लेकिन सच्चाई यह है कि प्रस्तुत दुर्घटना में लगभग पचास हज़ार से ज़्यादा लोग उस वक़्त इस संसार से सिधार गये थे। उस घटना के घटित होने के उपरान्त आज तक लाखों लोग त्वचा, श्वास नलिका में कैंसर जैसी बीमारियों से पीड़ित होकर मर चुके हैं और आज भी नारकीय जीवन बिताने के लिए मज़बूर होते जा रहे हैं। शारीरिक प्रतिरोधक क्षमता के कम हो जाने से वर्तमान महामारी कोरोना के सन्दर्भ में भोपाल गैस दुर्घटनाग्रस्त लोग उसका ज़्यादा शिकार होते जा रहे हैं। दुविधा यह है कि हम यह तय नहीं कर पा रहे हैं कि मरे वे गैस ट्रैजेड़ी से या महामारी से। प्रवंचना का तन्त्र लम्बा–चौड़ा फैल गया है। इसका प्रमाण यह है कि कारख़ाने के मालिक वारेन मार्टिन एंडेर्सन को कम्पनी की सुरक्षा की कमी के लिए मृत्यु पर्यन्त क़ानूनी सज़ा नहीं मिली है। दुखद बात यह है कि दुर्घटनाग्रस्त लोगों को क्षतिपूर्ति तनिक भी प्राप्त नहीं हुई है। इससे कल्पना की जा सकती है कि व्यवस्था के भीतर से विकसित अनैतिक सम्बन्ध कितना मज़बूत है। इसका तात्पर्य यह भी होता है कि सत्ता देश–काल के भेद के परे एक–दूसरे का साथ देती है और 'न्याय' की निपट अवहेलना करती है। भोपाल शहर में रात के अँधेरे में दुकानों के बरामदे में सोने वाले ग़रीब नागरिक, झुग्गी–झोंपड़ियों में रात काटने वाले आम लोगों के जीने के स्वाभाविक अधिकार को लेकर कोई सवाल नहीं करता है। धूमिल की भाषा में यहाँ तक कि 'संसद मौन' है। सवाल यह भी स्वाभाविक रूप से खड़ा किया जा सकता है कि स्वतन्त्र भारत में कहाँ तक इन लोगों को सच्ची नागरिकता प्राप्त थी?

उदय प्रकाश की कविता की प्रारम्भिक पंक्तियाँ ट्रैजेडी ग्रस्त जनता की मृत्यु के भयचकित दृश्य को सामने लाती हैं। कविता भीमसेन जोशी से निवेदन करती है कि 'हे भीमसेन जोशी, आप अपने संगीत के मुलायम पंख के कोमल संस्पर्श से मरे–अधमरे

मनुष्यों को ज़रा सान्त्वना पहुँचा दीजिए।' कविता में प्रयुक्त अमर नींद, काला माथा, नीला अन्धेरा, मिथाईल आयसोसायनेट, अगरता आदि शब्द मरण सूचक अवश्य हैं। असल में अमरता उसी को प्राप्त है, जो समर में भाग लेकर अपने लिए प्यारे जीवन का परित्याग करता है। ख़ैर, जीवन के महासमर में भाग लेकर ये लोग अमर हो गये। विषाक्त उन लोगों के माथे पर संगीत की पंखुड़ियों के कोमल स्पर्श से राहत पहुँचाने की बात जब कविता करती है तो कविता अपनी रागात्मक पक्षधरता को व्यक्त करती है और मानवीयता के हाथ को पसार देती है। कविता आमूलचूल दुख से आपूरित होते हुए भी वह अपने भीतर क्रोध व करुणा की भावना को भर ले आती है। प्रारम्भ से ही दुख से पीड़ित जनता को उससे रिहा करने की भावना कविता दर्शाती है। कविता संगीत के मुलायम पंखों से मरे हुए लोगों के माथे पर सान्त्वना का स्पर्श 'बहुत सँभालकर' करने की बात करती है। प्रेम का कोमल छुअन कैसे किया जाना चाहिए, उदय प्रकाश की कविता करके दिखाती है। सच्चा प्रेम हिंसा का विरोध करता है, अहिंसा में ही प्रेम कसा जाता है। सच्चा प्रेम न जाने कैसे—कब करुणा की भावना को उद्‌बुद्ध करता है, पता नहीं चलता है, पर वह रक्षा के कार्यों में प्रवृत्त होने के लिए मानव को उत्प्रेरित करता है। यह मानव के जागतिक हस्तक्षेप की भावना को सक्रिय करता है, प्रवृत्त्योन्मुखी भावना को प्रवाहित करता है।

भीमसेन जोशी के संगीत को उदयप्रकाश की कविता एक काव्यात्मक उपकरण के रूप में इसलिए लेती है कि संगीत के माध्यम से दर्द से आहत लोगों को थोड़ी मात्रा में भले ही तसल्ली मिल जाये। संगीत की लयात्मकता में विलयन की भावना है, जिससे दर्दीले मन को पल भर के लिए सही शान्ति मिल सकती है। संगीत के पास जागतिक बन्धनों से, दर्दों से मानव को मुक्त कर देने की कला है। ऐसे में संगीत कविता में दवा की भूमिका (पीड़ा से मुक्ति) निभाता है। ठीक, कविता दवा है। कविता की दवाई भूमिका तो कविता के मूल चरित्र के अनुकूल बन पड़ती है।

कविता यह सिद्ध करती है कि 'आह' से कविता बहुत दूर हट नहीं सकती है। कविता अपनी संवेदना को विस्तृत करती हुई कहती है कि उन बीमारों के सपनों तक में मिथाईल आयसोसायनेट का गहरा नीला अँधेरा छाया हुआ है। कविता इस सन्दर्भ में इतिहास की एक घटना को अपनी काव्य–वस्तु के रूप में चुनती है और बताती है कि मानव के जीवन में किसी भी हालत में ऐसी घटना न घट जाये। कविता में इतिहास मिला हुआ होता है तथा कविता अपने शब्द–विधान के माध्यम से नया इतिहास रच भी देती है। अतीत से कटकर कविता का कोई अस्तित्त्व नहीं होता है। वह अनुभूति की उर्वर भूमि है। इतिहास और वर्तमान जीवन के बीच के द्वन्द्वात्मक सम्बन्ध से विकसित भावार्द्रता से पूर्ण होकर कविता भीमसेन जोशी से गिड़गिड़ाती है कि आप इन जीवित लोगों के लिए एक बार स्वर सन्धान कीजिए।

यहाँ तक आकर कविता का रुख एकदम बदल जाता है। ध्यान से कविता में गोता लगाने से लगता है कि कविता की शुरुआती पंक्ति में 'रखो' क्रिया का प्रयोग करके कवि ने 'तुम' सर्वनाम का इस्तेमाल किया है। वह निवेदन तो संगीतज्ञ जोशी से है, पर कविता की नौवीं पंक्ति तक आते–आते कविता कहती है कि 'गाओ, हम जीवित लोगों के लिए गाओ।' यहाँ आकर कविता की काव्यात्मक सपर्या दुखी लोगों के साथ एकात्मकता स्थापित करती है। कविता द्वैतपरक मानसिक वृत्ति को त्याग कर बीमारग्रस्त लोगों के दरमियान खड़ी होती है और उनके प्रतिनिधि के रूप में फिर अपना बयाँ आगे करती है। यहाँ 'हम' का उज्ज्वल रूप देखने को मिलता है। मानव का स्वभाव यह है कि अतिजीवन के संवेगों का शिकार होकर वह कभी स्वार्थी हो सकता है, पर जब स्वार्थ के बन्धन ढीले पड़ने लगते हैं तो मानव का वास्तविक रूप परमार्थता की तरफ़ उन्मुख होता है। पहले हम अपनी तरफ़ से इस जगत को देखते हैं, पर जब मानव अपनी सीमाओं से मुक्त हो जाता है तो दूसरों की आँखों से इस संसार को देखने का संकल्प करने लगता है।

यही स्वस्थ जीवन दृष्टि की मिसाल है। कविता अपने शब्द विन्यास से इस दार्शनिक परिप्रेक्ष्य को आलोकित करती है। इस आलोक से प्रक्षालित हो जाने पर मानव सच्चे अर्थों में संस्कृत बन जाता है। जिसकी जिन्दगी दर्द के रिज़रवोयर के रूप में तब्दील हुई है, वह विकृत अर्थ–केन्द्रित जीवन दृष्टि का परिणाम है। आर्थिक दृष्टि से सम्पन्न राष्ट्र अपनी आर्थिक वृद्धि के लिए जहाँ संसाधन की उपलब्धि हो, जहाँ श्रम सस्ते में प्राप्त हो, वहाँ की सरकारों के साथ छल–बल–धन से समझौता कर या करवाकर वहाँ की प्रकृति/मानव के दोहन पर विकास का सुनहरा मुलम्मा चढ़ाकर अपना रास्ता सीधा कर लेता है। इसका फल विकासशील भारत जैसे देशों के संसाधनहीन लोंगों को अधिक भुगतना पड़ता है। भोपाल ट्रैजेड़ी इस ऐतिहासिक पृष्ठभूमि को साथ ले चलती है।

कविता अपने अगले पड़ाव में व्यापक अन्तर्राष्ट्रीय पृष्ठभूमि में अपने भाव जगत को प्रतिष्ठापित करती है और बताती है कि इस प्रकार की दुर्घटनाएँ मानव के सारे के सारे अरमानों को, सपनों को कूड़ेदान में डाल देती हैं। 'मानव के शरीर पर ज़हरीली पाइप की लाइनें' खोदने वाली अन्तर्राष्ट्रीय कम्पनियों की धृष्टता और जघन्यता पर कविता प्रहार कर पूँजीवाद के बीभत्स चेहरे का पर्दाफ़ाश करती है। कविता कहती है कि "हमारे शरीर में भी हैं/तीसरी दुनिया के वे थके हुए पसीने से सरो बोर/बीमार फ़ेफ़ड़े/जिनके भीतर खुल गयी हैं/पता नहीं कितनी ज़हरीली पाइप की लाइनें।" कविता यहाँ आकर देश–राष्ट्र की सीमा लाँघती है और विस्तारता हासिल करती है। यह श्रेष्ठ कविता की निशानी है। ऐसी कविता मानवीय जीवन के मर्म को स्पर्श करती है तथा यह बताती है कि श्रमिकों या जन–साधारण की स्थिति विश्वभर यही रही है। विश्वभर में इस प्रकार की घटनाएँ घट चुकी हैं, और आगे घटती भी रहेंगी। चेर्नोबिल, त्रीमाइल आयलैंड, फ्लिक्स बरो, सांटोस ट्रैजेड़ी आदि इस कोटि की दुर्घटनाएँ रही हैं जो मानव/प्रकृति को उजाड़ फेंकती हैं। कारण स्पष्ट है कि "सत्ता और शक्ति पर एकाधिकारवादी प्रवृत्ति के प्रचार ने मनुष्यता और

संवेदना को कहीं पीछे छोड़ दिया है और दोहन और शोषण आज उसके मूल्य बन गये हैं।" (पंकज पराशर, एक पुकार की कातरता से गूँजती कविताएँ) 'बनास जन' पत्रिका में 2013 में चन्द्रकान्त देवताले की एक कविता आयी थी, जिसमें दोहन की विकरालता को व्यक्त करते हुए कवि का कहना है कि "हज़ारों रास्तों से निकलकर/एक घिनौना चेहरा/पूरे शहर की बत्तियाँ बुझाता है।"

कविता संगीत के ज़रिये प्रकृति की ओर वापस जाने का नारा बुलन्द करती है। संगीत और प्रकृति के बीच अभेद्य रिश्ता है। संगीत की तरंगें प्रकृति से जन्मी हैं और वह ऊर्जा का निरन्तर प्रवाह है, साथ ही वह प्रकृति का सौन्दर्यात्मक विस्तार है। संगीत क्रमबद्ध तरंगों की आवली है, इससे ही जगत की सृष्टि हुई है। इसलिए इस जगत को 'नादात्मक' कहा जाता है। संगीत में गायन का भाव है, जो मानव के दिल को आनन्द प्रदान करता है। उसका संस्पर्श मानव के मन में भावों की रंगोली रचता है। संगीत की सुखात्मक अनुभूति प्रकृति से ही मानव को हस्तगत हुई है। पंछियों के कूजन में, समुन्दर की लह–लहरियों में, हवा के झोंकों में, झरने के कलकलरव में, ह्दय की धड़कनों में, गायों के रंभाने में, हाथियों के चिंघाड़ने में, सिंह के गर्जन में, बारिश की रिमझिम में, बून्दों की टपकी में हम संगीत के विविध लयात्मक रूप के दर्शन कर सकते हैं। मानव इनके प्रति हठात् आकर्षित होता है, क्योंकि मानव के ह्दय ताल में लयात्मकता का सूक्ष्म रूप परिलसित है। आजकल 'म्यूज़िक थेरापी' भी चलती है। श्वास की गतिमयता, रक्त की संक्रमणशीलता, कोशिका की स्पन्दनमयता आदि पर क़ाबू संगीत से सम्भव है। मानव में याददाश्त, उत्साह आदि बढ़ाने में भी संगीत सक्षम है। संगीत सामाजिकता को पुष्ट करता है, संवाद का रागात्मक मंच सजता है। संगीत मानव द्वारा आविष्कृत विशिष्ट प्रकार की सार्वलौकिक भाषा है, कला का श्रेष्ठतम रूप है। इस भाषा के जो सात स्वर होते हैं, उनका सीधा सम्बन्ध प्रकृति से है और मानव के

मानसिक मूल भावों से है। संस्कृत में कहा गया है कि "षड़्जम मयूरो वदति / गाओर्वदंतिचर्षभम् / अजाविकन्तु गान्धारम् / क्रौंच कृणति मध्यमम् / पुष्पसाधारणेकाले / पिका कूजंति पंचमम् / धैवतम हेषतेवाजी / निषाद बृहते गजा।" (अमरकोश नाट्य वर्ग) इसमें यह कहा गया है कि षड़्ज (स) का सम्बन्ध 'मयूर' से है, ऋषभ (रि) का सम्बन्ध 'भैंस' से है, गान्धार (ग) का सम्बन्ध 'बकरी' से है, मध्यम (म) का सम्बन्ध 'क्रौंच' पक्षी से है, पंचम (प) का सम्बन्ध 'कोक' से है, धैवत् (ध) का सम्बन्ध 'घोड़े' से है और निषाद (नि) का सम्बन्ध 'हाथी' से है। इन सात स्वरों का सम्बन्ध विभिन्न मानसिक भावों के साथ भी रहा है, जो क्रमशः रौद्र, वीर, करुण–शान्त, हास्य, शृंगार, बीभत्स, अद्‌भुत रस से जुड़ता है। संगीत मानव को मात्र नहीं, समस्त प्राणी को आनन्द की ओर ले जाता है, क्योंकि आनन्द आत्मा का गुण है, जो संगीत का केन्द्रीय तत्त्व है। 'कर्नाटक संगीत दीपिका' में वी.एस. सम्पत कुमार का कहना है कि 'संगीत रूपी नाव की सहायता से आनन्दरूपी परम पद की प्राप्ति होती है।' वे आगे संगीत के सरगम की व्याख्या करते हुए कहते हैं कि 'सरि' का अर्थ 'नाव' होता है, 'गम' का अर्थ 'प्रयाण' होता है, 'पद' का अर्थ 'सान्निध्य' है तो 'नि' का अर्थ 'प्रदान करना' होता है। मैं केवल यही बताना चाहता हूँ कि संगीत की ओर लौटने या डूबने का मतलब प्रकृति की ओर लौटना ही है या अपने ही आत्म की तरफ़ मुड़ना है या प्रकृति में डूबना है, क्योंकि प्रकृति आनन्द / संगीत का अपार पारावार है।

कविता जब आगे बढ़ती है तो एक कल्पनात्मक सवाल बीच में छेड़ देती है। वह यह है कि भोपाल की दुर्घटना में जो मर मुए, यदि वे नहीं मरते तो क्या होता। कविता की भाषा में 'उन पाँच हज़ार लोगों के फ़ेफ़ड़ों में भी थीं साँसें / जो बन सकती थीं किसी भी सुन्दर संगीत का आलाप / या बाँसुरी में राग बागश्री।' कोई यह नहीं बता सकता है कि मानव का भविष्य क्या होगा, जो मरे, वे इस जीवन में क्या करते या क्या बन जाते या इस संसार को वे किस प्रकार रचते या सुन्दर बनाते। कविता बल देकर कहती

है कि मानव के 'सत्त' का विकास किस प्रकार होता है, उसपर भविष्यवाणी कभी नहीं की जा सकती है। भोपाल दुर्घटना ने बेसहारे लोगों के जीवन के सपनों पर मिट्टी झोंक दी है। उनके जीवन की अनन्त सम्भावनाओं पर पूर्ण विराम चिह्न लग गया है। उनकी साँसें 'राग बागश्री' की भाँति सुन्दर आलाप बनकर सबको प्रभात काल में सुख–शान्ति प्रदान करतीं। गम की बात यह है कि वे जीवन के आनन्द से वंचित रह गये हैं। निवेदन कविता का यह रहा है कि आप उन बच्चों को सांत्वना पहुँचाने के लिए 'उपशास्त्रीय लोरी' गाइए। कविता के मुलायम पंख–स्पर्श के भीतर की ममता उपशास्त्रीय लोरी में भी हम देख सकते हैं। जिनकी, ख़ासकर बच्चों की जिन्दगी की सम्भावनाएँ नष्ट हो चुकी हैं, उनकी ज़ुबान बनकर कविता बच्चों की ओर से बात करने लगती है। 'ये बच्चे इक्कीसवीं शताब्दी के ओलिंपिक्स देख नहीं पायेंगे, ज्ञान–विज्ञान के विकास की बुलन्दियाँ देख नहीं पायेंगे, वे जीवन के उत्सव में सहभागी नहीं हो पायेंगे। इन्हें 'बारबा पापा' (अनेटे टेसन और टालस टेयलर का पात्र) हँसा नहीं पाएँगा या 'लूसी' फ़िल्म (लुक बेसन और स्कारलेट जोहानसन) ताज्जुब से हर्षित नहीं करेगी।' कविता में प्रयुक्त 'ओलिंपिक खेल' यौवन के शक्ति–सौन्दर्य का प्रतीक है, वह जीवन की खुमारी का सूचक है। ओलिंपिक खेल–कूद मिलन–जुलन का उत्सव है, मानवीयता की संगम वेदी है। यदि वे बच्चे जिन्दा रहते तो इन सबका आनन्द अवश्य उठाते, पर सबसे वे वंचित रह गये हैं। 'बरबा पापा' ऐसा कार्टून पात्र है, जिसके हाथ–पैर नहीं हैं, उसका रूप 'पपीता' की भाँति है। वह गोल–गोल होकर घूमता–फिरता है। दुर्घटना ग्रस्त बच्चों की स्थिति जैसी की तैसी हो गयी है। 'लूसी' फ़िल्म इसके मुक़ाबले मानव के बौद्धिक विकास की चरम परिणति को दर्शाती है। फ़िल्म में यह दिखाया गया है कि सीपीएच 4 जो रासायनिक पदार्थ है, जिससे मस्तिष्क की कोशिकाएँ खुलती हैं जो मानव शिशु को गर्भस्थ अवस्था में माँ की नाभि–नालिका द्वारा प्राप्त होता है। सिनेमा में यह दिखाया गया है कि शरीर की

शल्य चिकित्सा करके एक औरत उक्त पदार्थ की चोरी करती है। वह पकड़ी जाती है। मार–पीट के वक़्त वह वस्तु उस स्त्री के रक्त में घुल–मिल जाती है तथा उसके मस्तिष्क की सारी कोशिकाएँ एक–एक करके खुलती चली जाती हैं, जिससे उसे विश्वभर में व्याप्त होने की शक्ति मिलती है। कविता का कहना है कि यदि मरे हुए बच्चे जीवित रहते तो वे भी विश्व के नामी व्यक्ति ज़रूर बन सकते थे, उसकी भीतरी रचनात्मकता शिखरों तक पहुँच जाती।

इस मौक़े पर व्यंग्य का पुट अपने शब्दों में भरते हुए कवि का कहना है कि "धन्यवाद मिस्टर फोर्ड/आपने खोल दिया है हमारे लिए/एक कविता का पुस्तकालय/और बज़वाते हैं सितार।" फोर्ड एक अमेरिकी कम्पनी का नाम है, जिसकी स्थापना हेनरी फोर्ड ने 1903 में की थी। इसने बड़ी मात्रा में व्यापक मशीनी उत्पादन का प्रारम्भ किया था। इससे औद्योगिकीकरण के विकास में ज़ोरदार छलाँग आयी, शोषण का फलक व्यापक हुआ और लाभ की बाज़ारी संस्कृति विकसित हुई। इसपर विचार करते हुए उदय प्रकाश की कविता कहती है कि औद्योगिकीकरण ने ग़रीब जनों के लिए 'कविता का पुस्तकालय खोल दिया है।' कविता का पुस्तकालय एक नया काव्यात्मक मुहावरा है, इसका अर्थ होता है कि दुख का आलय। संगति ठीक बैठती है कि कविता का सम्बन्ध स्वभाव से दुख के साथ पहले ही रहा है। शोक से श्लोक की उत्पत्ति की गाथा ज़्यादा ख्याति ली हुई है।

दुख से पीड़ित जनता के पैरोकार के रूप में कवि बताता है कि आपके (भीमसेन जोशी) कण्ठ का संगीत इनके लिए फकत है। तुम्हारा संगीत इस समय इनके लिए कविता बन कर रहेगा ही। यहाँ कविता जीवनेच्छा या सपना या तसल्ली का रूप धारण कर आती है। संकटग्रस्त लोगों के प्रति करुणा का प्रसार करती हुई कवि का कहना है कि "गाओ/पन्द्रह हज़ार विकलांग और अन्धे और बीमार लोगों के/जीने की करुण और दरिद्र इच्छा के स्वागत में/गाओ,/गर्भ में ही मृत शिशुओं के मार डाले गये

भविष्य के शोक में/गाओ/ज़हरीले कारख़ानों, परमाणु अस्त्रों और नक्षत्र युद्धों/के ख़िलाफ़/गाओ/कि होना चाहिए अन्तरिक्ष में/और पर्यावरण में/सिर्फ़ ऑक्सीजन और संगीत।" कविता के कुछ प्रयोग जैसे 'जीने की करुण और दरिद्र इच्छा', 'भविष्य का शोक' आदि जीने की असम्भाव्य दुखद स्थिति तथा ऐसी स्थिति के जारी होने का भाव सूचित करते हैं। पौराणिक मिथक का प्रयोग करते हुए कवि का कहना है कि प्रकृति में सानन्द रहने वाले क्रौंच पक्षियों में से एक को निषाद ने वाल्मीकि की आँखों के समक्ष मार डाला था। इस आखेट की संस्कृति की प्रतिसंस्कृति का निर्माण रामायणकार ने अपनी रचना की मार्फत किया है। निषादत्व का निषेध करने के साथ रामायण इस आलोक में प्रकृतिस्थ क्रौंच के वध से उपजे कवि वाल्मीकि के दुख का गायन है। आप भी उसी भाँति क्रूरता की त्रासदी से ग्रस्त लोगों के लिए अपने संगीत की सुर–लहरियाँ ठान लीजिए। आदिकाल में हिंसा की नाच थी, उसी प्रकार की क्रूरता का ताण्डव प्रकृति/मानव पर आज का पूँजीपति/उद्योगपति करता है। अमेरिका जैसे विकसित राष्ट्रों की पोल खोलते हुए कवि का कहना है कि परमाणु बम और नक्षत्र युद्धों के लिए करोड़ों रुपये ख़र्च करने के लिए सन्नद्ध ऐसा औद्योगिकीकृत राष्ट्र इन ग़रीबों के जीवन को सुधारने के कार्य में कौड़ी तक व्यय नहीं करता है। जिसने (यूनियन कार्बाइड़ कम्पनी) इन ग़रीबों के श्रम का शोषण करते हुए लाभ उठाया है, पर वही श्रमिक जब आफ़त में फँस जाते हैं तो अपने को बचाकर कम्पनी का मालिक भाग जाता है और दिवालियापन का नाटक कैसे सत्ता के प्रकोष्ठ में रचा जाता है, पता नहीं, पर लम्बी क़ानूनी दाँव–पेंचों के अन्त में अपने लोगों को पूँजी बचा लेती है। यही पूँजीवाद की उपहासात्मक–घृणास्पद पद्धति है। युद्ध, आतंक, धमकी, समझौता आदि यन्त्रणाओं के माध्यम से मानव और प्राकृतिक संसाधन पर अपना कब्जा सख्त कर दूसरों की जिन्दगी को कबाड़े में डालते हुए पूँजीवाद को ज़रा भी संकोच का अनुभव नहीं हो रहा है। नंगी सच्चाई यह है

कि निर्लज्ज नृशंसता पूँजीवाद का लक्षण है। वहाँ मनुष्य के लिए कोई स्थान नहीं रहा है, धन के आधिपत्य के बुल्डोज़र के तले इन्सान निस्सहाय दब जाता है। विपदा में कविता की चाहत यह है कि इस संसार में जीने के लिए 'संगीत' और 'प्राणवायु' रहें। संगीत एक ओर जीवन की सांस्कृतिक मुद्रा धरता है तो प्राणवायु जैविक मुद्रा लेकर कविता में अपनी उपस्थिति दर्ज करती है।

कविता की अन्तिम पंक्तियाँ मार्मिक बन पड़ी हैं। समकालीन कविता के आधारभूत तत्त्वों की ओर दृष्टिपात करते हुए कवि का कहना है कि 'कविता और संगीत' में 'करुणा और क्रोध' का समावेश हो। कविता का आग्रह यह है कि कविता में मानव एवं प्रकृति को बचाने का संवेदनात्मक ज्ञान हो तथा उसमें जीवन को विकराल कर देने वाली शक्तियों के प्रतिरोध का भाव हो। चन्द शब्दों में इतना कहकर समाप्त करता हूँ कि कविता मानवीय सर्जना का उदात्त रूप है तो संगीत प्रकृति की उज्ज्वल सुन्दरता का भव्य रूप है। रक्षा और प्रतिरोध की चैतन्यपूर्ण उपस्थिति से प्रस्तुत कविता वर्तमान जीवन परिवेश में 'लाइट हाउस' की भूमिका निभाती है। उम्मीद के उजाले को अपने भीतर सँजोते हुए उदय की कविता आक्रामक सत्ता के विस्तार के साथ प्रतिवाद करती है। आपकी कविता को पढ़ते हुए मन बार–बार यही कहता है कि 'कविता हमारे लिए ज़रूरी हथियार है।' (निकॉनार पारा)

(4)

'सुनामी' पूनम अग्रवाल की लघु आकार की कविता है। 'सुनामी' अभिधार्थ में समुद्र की भीषण तरंगों को सूचित करने वाला शब्द होता है, लेकिन वर्तमान काल में जीवन की आपद स्थिति को सूचित करने वाले अभिधान के रूप में उसका इस्तेमाल किया जाता है। पूनम अग्रवाल की कविता में 'सुनामी' इसी अर्थवत्ता को लेकर आती है। विपदात्मक स्थिति यह है कि प्रकृति पर मानव अपना संहारात्मक ताण्डव करते हुए हुंकार भरकर अपने मार्ग पर आगे बढ़ता जा रहा है। इसके प्रति प्रकृति द्वारा की जानेवाली

प्रतिक्रिया के रूप में सुनामी का अर्थ ग्रहण किये जाने पर 'सुनामी' शीर्षक कविता की प्रासंगिकता खुल जायेगी। कविता की समझ यह है कि प्रकृति की अपनी विशिष्टतम जैविकता होती है। वही इस धरती पर सबके अतिजीवन और जीव–सन्धारण को सम्भव बनाता है। प्रकृति के प्रति मानव के मन का वस्तुपरक दृष्टिकोण उसे जीवन से विमुख कर देता है, जो मानव–प्रकृति के साथ के रागात्मक सम्बन्ध के बिखर जाने का कारण बन जाता है। वास्तव में प्रकृति के साथ मानव का ऊष्मल–आत्मवत् सम्बन्ध समस्त जीव–रूपों के विस्तार के लिए अपेक्षित है। पहले ऐसा ही सम्बन्ध प्रकृति–मनुष्य में था, इस जीवन्त ऐतिहासिक अनुभव को सुनामी कविता यूँ अंकित करती है– "पहले भी/मचलता था समुद्र/पर/इतना बिगड़ता नहीं था।/अक्सर तो/ऐसे ही होता/कि उसकी लहरें/खिलखिलाती हुई आतीं/और मुझे छूकर/गुनगुनाती हुई चली जातीं।" यहाँ ध्यातव्य है कि कविता अपने कलेवर में समय के क्रमिक अवबोध को अपने भीतर नाज़ुक ढंग से पिरो देती है। अतीत के अनुभव को भूतकालिक क्रियाओं की सहायता से व्यक्त करते हुए कवयित्री उस समय के प्रकृति और मानव के बीच के संगीतात्मक–अनुरागात्मक सम्बन्ध को तरंगों के 'खिलखिलाकर आने' और 'गुनगुनाकर चले जाने' के माध्यम से व्यक्त करती है। कविता की सूक्ष्मानुभूति यह है कि 'गुनगुनाने' की क्रिया के माध्यम से माता और बच्चे के बीच के मासूमी सम्बन्ध को कविता प्रत्यक्ष करती है तो कानों में लोरी तान झंकृत हो उठती है। इसी तरह 'खिलखिलाने' शब्द के प्रयोग के बल पर मन ही मन आनन्दित होने का भाव कविता अनुगूँजित करती है, अर्थात् प्रकृति–मानव के सौम्य–सुरभिल सम्बन्धों से निष्पन्न आत्मप्रहर्ष कविता के शब्द बुलन्द करते हैं। कविता की ऊपर उद्धृत पंक्तियों में एक मुलायम शब्द भी आया हुआ है, जो कविता के मर्मज्ञों के मनोमुकुर में पुलकों की हिलोरें भर देने में सक्षम है, वह है 'छुअन'। 'छुअन' से प्राप्त इन्द्रियजन्य स्पर्श–सुख की सुषुप्ति में हमारे रोंगटे खड़े हो जाते हैं, पाठक जाने–अनजाने विरल व विपुल भावातिरेक में आप्लावित हो उठता है।

यह सामान्य जागतिक अनुभव है कि मानव के जीवन की भाँति प्रकृति में सुख–दुख की चाक्रिकता का अनुभव कवयित्री करती है। कभी–कभार नाखुशी में या चिढ़ाने पर प्रकृति बिगड़ती तो ज़रूर थी, पर इस भाँति कभी नहीं बिगड़ी थी। जब कभी वह हल्के में बिगड़ जाती तो थोड़ी ही देर में अपनी रूढ़ को सँभालकर वह मैया की सी हंसी ले उपस्थित होती थी। कविता इस बात को हमारे सम्मुख पेश करती है कि अतीत में प्रकृति और मानव के बीच सुकुमार पारिवारिक सम्बन्ध था, जो आज के प्रकृति–मानव के रिश्तों में दिखायी नहीं देता है। अतीत और वर्तमान के विरोधी अनुभवों को सुनामी कविता विशेष क्रम से रखती है और भविष्य में हमें किस प्रकार की जिन्दगी बितानी है, काव्यात्मक अन्दाज़ में बता भी देती है। प्रकृति के साथ के भूतकाल के अनुभव को अंकित करने के क्रम में कविता की प्रारम्भिक पंक्तियों में काल सूचक शब्द 'पहले' आता है। इस शब्द के विलोम के रूप में 'आज' / 'वर्तमान (अब)' शब्द को हम ले सकते हैं। अतीत के सुखात्मक अनुभव के साथ आज के दुखात्मक भाव को इस ख़ास शब्द–योजना के माध्यम से पूनम अग्रवाल साफ़–साफ़ व्यक्त करती हैं। ठीक बताया जाये तो अतीत की स्मृति में गुनगुनाने व खिलखिलाने की सुगन्ध भरी पड़ी थी तो 'आज' की स्मृति में सुनामी जैसी आपदाओं का दर्द भरा पड़ा है।

कविता अपनी स्वाभाविक गत्यात्मकता के सहारे जब आगे बढ़ती है तो प्रकृति की कराह को मानवीकृत प्रकृति के बरअक्स सूचित करती हैं। 'समुन्दर का बाँहें उठाकर खड़े होने' का बिम्ब दर्द भरी प्रकृति के अनुभवों को साकार करने में एकदम सफल है। साथ ही कविता में प्रयुक्त 'उतावली', 'बेचैन' जैसे शब्द भी प्रकृति की विषम स्थिति को व्यंजित करने में समर्थ हैं। कविता का अध्येता ज़रूर जानता है कि कवि के पास 'शंभु का तीसरा नेत्र' है। उसके माध्यम से जीवन के सारे के सारे रहस्य उसके पास सपाट खुल जाते हैं। प्रकृति के कुपित हो जाने के प्रसंग (सुनामी का प्रसंग) को उठाकर कविता कहती है कि प्रकृति अब सब पर समान रूप से टूट पड़ी है। 'पहले' प्रकृति ऐसा व्यवहार

नहीं करती थी। वह एकदम नर्म थी, किसी को वह दर्द नहीं पहुँचाती थी। लगता है कि आज असहनीय दर्द से वह कुछ कर बैठी हो। मानव के भीतर का 'हिंसक' न जाने प्रकृति के साथ क्या–क्या कर जाता है। असह्यता की हद में पहुँचकर प्रकृति कुछ करने को विवश होती है, वही 'सुनामी' का रूप धरता है। कविता यही बताना चाहती है कि सुनामी जैसे प्राकृतिक प्रतिभासों के पीछे मानव के हाथ हैं। अन्य प्राणिजातों के प्राकृतिक हस्तक्षेप से कभी प्रकृति दूषित नहीं होती है, उसे क्षति नहीं पहुँचती है। आज का यथार्थ यह है कि मानव के प्राकृतिक दोहन से कुदरत की जैविकता क्षण–क्षण क्षयशील होती जाती है। पूनम की कविता का आत्मकथ्य यह है कि 'सुनामी' को प्रकृति की स्वाभाविक 'जैविक प्रतिक्रिया' के रूप में हम लें और उसको समझें। जब आतंक बेहूदी हो जाता है तो प्रकृति के पास भी कोई दूसरा विकल्प रहता ही नहीं। ख़ुद को बचाने के संघर्ष में जैविक चेतना से सम्पन्न हर जीव–रूप ऐसा करने के लिए उद्यत हो उठता है। कविता सावधान करती है कि प्रकृति का यदि मानव विपुल मात्रा में दोहन करता रहेगा तो प्रकृति की इस कोटि की जैविक प्रतिक्रिया को झेलना पड़ेगा। इस दृष्टि से सोच–विचार करने पर लगता है कि सूखा, महामारी, बाढ़ आदि जो वर्तमान जीवन के तजुर्बे रहे हैं, जो प्रकृति के भीतर के दर्द से उभरने वाली आहें ही हैं।

आज के समय में मानव निर्मित आपदाओं का बोलबाला देखने को मिलता है। इनमें से अधिकांश दुर्घटनाओं के मूल में मानव की स्वार्थमय जीवन पद्धति काम करती है। स्वार्थता का मतलब अपने में सीमित हो जाना ही है, अन्धा हो जाना है, अज्ञानी हो जाना ही है। अपने में सीमित हो जाते वक़्त मानव प्रकृति सहित समस्त प्राणी–सस्यजात से अपना रिश्ता काट देता है। विशेष रूप से पूँजीवादी व्यवस्था के विस्तार से विकसित जीवनचर्या प्रकृति को हतप्रभ कर देती है। पूँजीवाद अपने अर्थतन्त्र के मज़बूत बनाने के क्रम में प्रकृति एवं मानव का सीमाहीन शोषण करता रहता है।

ऐसा किये बिना वह व्यवस्था अपना विस्तार कभी नहीं कर सकती है। लाभ–लोभ–उपभोग–वर्चस्व की संस्कृति से प्रकृति बंजर होती चली जाती है, प्रदूषण की व्यापकता से सारे जीवरूपों का प्रकृतिस्थ रूप में रहना असम्भव होता चला जाता है। हम इससे वाक़िफ़ नहीं है कि पूँजी के आघात से जीव के सूक्ष्म से सूक्ष्म कण न जाने कैसे और कितनी रफ़्तार से मिटते चले जाते हैं, कैसे जैविक शृंखला की कड़ियाँ प्रबल वेग से टूटती जा रही हैं, प्रकृति के स्वाभाविक तत्त्वों के अनुपात में भीषण रूप में कैसे परिवर्तन होता जा रहा है। इन सबसे यही सम्भव होता है कि पृथ्वी में जीने की स्थिति धुँधली होती चली जा रही है। काव्यात्मक भाषा में जीवन की रोशनी विलीन होती चली जाती है। यह वर्तमान मानव पीढ़ी का ज्वलन्त अनुभव है। समय की इसी बेबसी का खुलासा करते हुए पूनम अग्रवाल का कहना है कि जल–ज़मीन–जंगल सब इस दौरान ख़तरे से किसी भी हालत में खाली नहीं हैं। दुखद बात यह है कि प्रकृति में परिलसित जीवन के रंग–राग को देखने की हमारी प्रेममयी आँखें इतिहास के किसी मोड़ में गुम हो गयी हैं। स्वार्थता की अन्धता से अनुप्राणित होकर इतना सब घटित होते हुए भी आज का 'विकसित/सभ्य' मानव कविता की ही भाषा में 'जुनूनी मनसूबों' में डूबा हुआ है। अपनी आक्रामक महत्त्वाकांक्षा से उत्प्रेरित होकर प्रकृति में अपना वर्चस्व कायम करना आज के इन्सान का शगल या हॉबी है। सब पर जीत हासिल करने की एषणा पागलपन की हद होती है। विस्मय के आवेग से अनुप्राणित होकर 'सुनामी' नामक कविता सन्देह करती है कि 'सुनामी' प्रकृति का शगल नहीं है क्या। कविता अपने आख्यान–प्रत्याख्यान से सशक्त होकर कहती है– "इस दोहन में/इतने मशगूल हैं हम/कि देख नहीं पातीं/हमारी आँखें/कि हमें देते–देते/कितने चुक गये हैं ये सब।/इतने पर भी/ख़त्म नहीं होते/ये जुनूनी मंसूबे।/पर्वतों की चोटियों/सागर/चाँद, सितारों/या आसमान पर/फ़तह भी शगल है हमारा।/तो फिर कौन जाने/ये सुनामी/समन्दर का शगल हो!!!/इससे पहले/कि समूची प्रकृति/ सीख जाये

हमारी भाषा/हमें सीखनी होगी/उनकी भी भाषा/हमारी नज़र में/जिनकी कोई भाषा ही नहीं!"

कविता की अन्तिम पक्तियाँ मार्मिक बन पड़ी हैं। वर्तमान मानव का उपभोगवादी मन यह समझता है कि मानव को छोड़कर बाक़ी सब बेजान है, उनके पास कोई 'भाषा' नहीं होती है। अर्थात् मानव को छोड़कर अन्य किसी के पास अपनी भावनाओं को अभिव्यक्त करने की कोई भाषा नहीं होती है। यह अन्धापन या तो अविवेक की उत्तुंगता है। कविता की पहचान यह है कि प्रकृति अपने दर्द को, अपनी भावना को सुनामी, सूखा आदि के माध्यम से व्यक्त करती है। कविता का आत्मपक्ष ज़ोरों पर अपनी बात को विकीर्ण कर कहता है कि किसी के दर्द की पहचान ही इन्सानियत की प्रामाणिकता है। कविता अन्तिम पंक्ति तक पहुंचते–पहुँचते यह भी सिखाती है कि दूसरों की भाषा को समझना तो दूसरों की भावनाओं को आत्मसात करना होता है, दूसरों को अपने कलेजे का हिस्सा बनाना ही होता है। यही स्थिति मैत्री या आत्मवत् सम्बन्ध की निशानी है, इसी में जीवन की सुख–समृद्धि है। प्रकृति और मानव के बीच सहयोग–सहकार से भरपूर सम्बन्ध की माँग करने वाली कविता भविष्य के जीवन दर्शन को ही अपने क्रोड़ में रूपायित करती है। प्रकृति की भाषा को हम नहीं समझेंगे तो ग्रेस कुजूर की कविता कहती है कि परिणति यही होगी– "इसलिए फिर कहती हूँ/न छेड़ो प्रकृति को/अन्यथा यही प्रकृति/एक दिन/माँगेगी/हमसे/तुमसे/अपनी तरुणाई का/एक–एक क्षण/और करेगी/भयंकर.... बग़ावत/और तब/न तुम होगे/न हम होंगे!" 'सुनामी' कविता को बार–बार पढ़ते–पढ़ाते मन यही कहता है कि हमारे जीवन में किसी भी हालत में 'सुनामी' का आगमन न हो जाये।

(5)

कवि दुख का सहचर होता है। उसका दुख जितना व्यापक और गहन होता चला जाता है, उसी अनुपात में कविता का अन्तस्थल

भी विकसित होता चला जाता है। कवि का यह दुख जीवन के व्यापक अन्तर्विरोधों का अंजाम कहा जा सकता है। समाज के बदलते सत्तात्मक सम्बन्ध के उत्पाद के रूप में अन्तर्विरोध सामाजिक जीवन के विभिन्न स्तरों पर विकसित होते हैं जो मानव के दुख के कारण बन जाते हैं। कविता 'आह' की उपज होने के कारण दुख का अनुसरण करती है। यही दुख कवि हृदय की महानता का आधार है। ऐसे अन्तर्विरोधों की तह में पैठकर कवि एकान्त श्रीवास्तव 'पत्तों के हिलने की आवाज़' शीर्षक कविता में अपने काव्य–दर्शन को इस प्रकार व्यक्त करते हैं कि "और वह हृदय खरबों गुना महान है/जिनके हृदय में जनता का दुख है।"

कविता की अपनी जैविक अस्मिता होती है। इसलिए ही वह निरन्तर परिवर्तन एवं परिवर्धनशील है। इसी गुणवत्ता के बल पर कविता जीवन को गतिमान बनाये रखती है। इसलिए कविता जीवन की सक्रियता का दूसरा रूप धारण कर अवतरित होती है। कविता अतएव किसी भी हालत में 'नींद की गोली' नहीं हो सकती है, क्योंकि नींद मानव की अकर्मण्यता का पर्यायवाची शब्द है, पर कविता में जागृति, संघर्ष, कर्म आदि की असीम तेजस्विता है। इसलिए 'साहित्य का उद्देश्य' शीर्षक अपने निबन्ध में प्रेमचन्द ने साफ़ लिखा है कि 'हमारी कसौटी पर वही साहित्य खरा उतरेगा, जिसमें उच्च चिन्तन हो, स्वाधीनता का भाव हो, सौन्दर्य का सार हो, सृजन की आत्मा हो, जीवन की सच्चाइयों का सार हो, जो हममें गति, संघर्ष और बेचैनी पैदा करे, सुलाये नहीं, क्योंकि और अब ज़्यादा सोना, मृत्यु का लक्षण है।' इसलिए मृत्यु का निरोध विवेकशील कवि का धर्म अवश्य बन जाता है। लेखक खुद लिखकर अपने विवेक को जिन्दा बनाये रखता है और दूसरों के विवेक को कविता में सन्निविष्ट मूल्यों के बल पर जगाये रखता है। कविता के भीतर आवाहित मूल्यों का विराटत्व किसी विवेक सम्पन्न व्यक्ति का निजी प्रश्न नहीं हो सकता, उसका स्वरूप हमेशा सामाजिक है, सांस्कृतिक है, साथ ही वह तर्क सम्मत है।

यहाँ प्रसंगवश एक बात की ओर ध्यान आकृष्ट करना चाहता हूँ कि हमारे इर्द–गिर्द दिखायी पड़नेवाला 'यथार्थ' तर्कसंगत नहीं हो सकता है, तर्कसंगत बातें यथार्थ नहीं हो सकती हैं। इसलिए यह कहा जा सकता है कि जीवन के चारों तरफ़ परिलसित असंगत तथ्यों को तर्कसंगत बनाना काव्य–गर्भित मूल्यों का काम होता है। अवश्य ही सामाजिक–सांस्कृतिक परिवर्तन को लक्षित करके ही नवीन मूल्यों का सूत्रपात कविता करती है। इस मूल्य का सीधा वास्ता मानव की क्रिया से है। इसके कारण कविता में समाविष्ट मूल्य मानव के सामाजिक व्यवहार को नियन्त्रित करता है और उसके माध्यम से मानव अपने जीवन के लक्ष्य को साक्षात्कृत करता है। सामाजिक जीवन की नैतिकता का मापदण्ड इसी के बल पर विकसित होता है। इसके आधार पर मानव अच्छाई और बुराई का निर्णय जीवन के विभिन्न सन्दर्भों में करता है। इसलिए कविता के शब्द जो मानव को मूल्यवत्ता प्रदान करते हैं, मानव के चिर संघर्ष के साथी हैं, मानव को जीवनदायिनी शक्ति प्रदान करते हैं। जीवन संघर्ष के पथ पर जब मनुष्य संकट ग्रस्त हो जाता है, ऐसे में कविता आगे बढ़ने का सम्बल प्रदान करती है। कविता शब्दहीन का शब्द बन जाती है। विश्वनाथ प्रसाद त्रिपाठी 'आलोचना के हाशिए पर' में लिखते हैं कि 'मौन को मुखर करना, सन्नाटे को शब्द देना, जिनके पास भाषा नहीं है, उन्हें शब्द देना' कविता की उपादेयता है। कविता का यह शब्द–दान विचार–दान है। 'शब्द अपने आपमें आत्यन्तिक नहीं हैं। किसी शब्द का कोई स्वयंभूत अर्थ नहीं है। अर्थ उसे दिया जाता है। वह केवल संकेत है।' (अज्ञेय, तीसरा सप्तक) कविता का संस्कार यह है कि प्रत्येक वाचक कविता के शब्द को नया संस्कार देता है। कविता नवीन बिम्बों के बल पर अर्थ की बहुस्तरीयता खड़ी करती है, जो अपने स्वरूपगत दृष्टि से साधारण होते हुए भी सर्जना की अतुल्यता की वजह से आकर्षक बन जाती है। इस अतुल्यता के बल पर उद्‌भूत लोकदृष्टि ही मानव की विश्वदृष्टि है। इस अन्दाज़ में कविता का शब्दार्थ सृजन जीवन के क्रमिक परिवर्तन का कारण बनता है।

इसका तात्पर्य यह हुआ कि कविता द्वारा प्रसारित नूतन भाषा नूतन जिन्दगी को ही प्रसारित करती है। अतः कविता का विस्तार जीवन का आलोचनात्मक विस्तार है। इसके लिए समय की, जीवन की अनगिनत पगडंडियों से होकर अनवरत यात्रा कवि को करनी होती है, जिसके बल पर कवि अपने आत्मानुभूत सत्य का या जीवन रस का कविता के माध्यम से लोकार्पण करता है। श्यामसुन्दर दुबे 'साहित्य का सामाजिक पक्ष' में इस पर विचार प्रकट करते हुए लिखते हैं कि 'साहित्य तो मनुष्य के संवेदनात्मक सौन्दर्य और उसके कर्म सौन्दर्य को प्रकट करके ही अपनी सत्ता को बदलते समय के साथ अभिव्यक्त कर सकता है। साहित्य अपने समय का आईना मात्र नहीं है। वह अपने समय के यथार्थ को सार्थक दिशा देने का आत्मसत्ता से परिचालित माध्यम है।' मानव की आत्मसत्ता को 'ठण्डे पानी की मशीन' शीर्षक एकान्त श्रीवास्तव की कविता किस प्रकार रूपायित करती है, आगे की चर्चा उस पर केन्द्रित है।

समकालीन कवि वर्तमान जीवन परिवेश में समय के संकट के साथ टकराता है। वह विशेष रूप से आज के अर्थतन्त्र के आतंक से मातहत है। कवि अनुभव करता है कि पूँजीवादी दौर में मानव के रूप में मानव का ज़िन्दा रहना असम्भव होता चला जाता है। पूँजीवादी व्यवस्था में एक ओर अर्थ का केन्द्रीकरण होता है तो दूसरी ओर मानवीय भावनाएँ रिसती चली जाती हैं। खगेन्द्र ठाकुर का कथन है कि 'पूँजीवादी व्यवस्था स्वतन्त्रता और उन्मुक्तता के आकर्षक नारे से व्यक्ति को उत्कृष्ट कर अन्तः जीवन जीने के साधनों के विषम वितरण और केन्द्रीयकरण के कारण उसे शक्तिहीन और आस्थाहीन बनाकर उस हालत में पहुँचा देती है कि वह समूह के बीच भी अजनबीपन और अकेलापन अनुभव करने लगता है।' (कविता का वर्तमान) हम यह जानते हैं कि मानवीय श्रम मानव की आत्मसत्ता की सृजनात्मकता है जो मनुष्य को मनुष्य बनाता है। इसी के बल पर मानव अपना विस्तार करता है और आत्मपरितोष का अनुभव करता है। दूसरी भाषा में वह अपने

भीतर 'होने' का अनुभव करता है। पूँजीवादी व्यवस्था में ख़ुद का श्रम भी बाज़ारी माल बन जाता है, इसलिए मानव को अपना श्रम बेचना पड़ता है, यदि वह उसे बेचने में असमर्थ निकलता है तो उसके पास एकमात्र चारा यह रह जाता है कि ग़रीबी का वरण करे। पूँजीपति अपनी पूँजी की वृद्धि के लिए मानवीय श्रम को अपनी इच्छानुसार इस्तेमाल कर सकता है, पर ग़रीब के पास वह सुविधा प्राप्त नहीं होती है। ऐसी स्थिति में वह जीवन से हाशियेकृत हो जाता है। आज की मशीनीकृत बाज़ारी व्यवस्था में मानव आलंकारिक भाषा में मशीन का पुर्जा मात्र रह जाता है। इन्हीं पूँजीवादी भावनाओं से परिचालित मशीनीकृत अर्थतन्त्र में मानव का केन्द्रीय मूल्य धन रह जाता है। धन की ताक़त के बल पर मनुष्य जीवन के साधनों को जुटाता है। इसलिए धन के अभाव में मानव टिक नहीं सकता है। ऐसे में धन का मूल्य बन जाना आश्चर्य की बात नहीं है। इसलिए कविता कहती है– 'अगर आपके पास पचास पैसे हैं/तो आप एक गिलास ठण्डा पानी पी सकते हैं।' यदि पैसे नहीं हैं तो बिना पानी पिए धनहीन व्यक्ति मर सकता है। यहाँ प्रकृति के संसाधनों को बाज़ारी वस्तु के रूप में परिवर्तित करते हुए जीवन के साथ खिलवाड़ किया जाता है। जिसके पास ख़रीद की ताक़त है, वही मानव इस संसार में रह सकता है। अन्य प्राणियों की हालत के बारे में पूछने की क्या बात है! पानी समेत सारी की सारी वस्तुएँ पण्य वस्तु के रूप में जब तब्दील हो जाती हैं, तब इस वसुन्धरा से जीवन के इन्द्रधनुषी रंग ग़ायब होने लगते हैं। जिनके पास पैसा नहीं है, उसके सामाजिक अतिजीवन के बारे में पूँजीवादी व्यवस्था मौन व्रत धारण करती है। कविता की भाषा में 'जो आकाश से बरसता है बेमोल/जो नदियों में बहता है खुले आम/तो अब यह पानी भी बिकाऊ हो गया/बाज़ार में।' सच में कैसे पानी बिकाऊ हो गया है, इस पर विचार करने के लिए कविता उत्प्रेरित करती है। इस प्रकार की सामाजिक विडम्बना स्वाभाविक क्रिया का परिणाम नहीं है, वह पूँजी की साज़िश का ही परिणाम है।

पूँजी की संवृद्धि हेतु प्रकृति के समस्त संसाधनों पर अधिकार स्थापित करना पूँजीवादी व्यवस्था के लिए अनिवार्य हो जाता है। जो पानी आकाश से बरसता है 'बेमोल' वह कैसे 'मूल्य' की चीज़ बन गया! जिस प्राकृतिक सम्पत्ति पर मानव और मानवेतर प्राणियों का समान अधिकार है, उसे बेचने का अधिकार क्या किसी को दिया जा सकता है? उस पानी के 'निर्माण' में पूँजी की कोई भूमिका नहीं रहती है। पानी समेत जो चीज़ें जीव–सन्धारण के लिए अनिवार्य हैं, जब उन पर सबको समान अधिकार प्राप्त नहीं होगा तो ऐसे में हमारा भविष्य क्या होगा, कविता विचार करने के लिए बाध्य करती है। कविता आगे आम जनता की विवशता को इस प्रकार व्यक्त करती है– 'कितने जन ठिठकते हैं इसके सामने/जेबें टटोलते हैं और आगे बढ़ जाते हैं/माँ–बाप अपने बच्चे को घसीटते ले जाते हैं/कि चलो, घर चलकर पीना/ख़ुद अपने सूखे पपड़ाए होंठों पर/जीभ फेरते हुए।' इन पंक्तियों में प्यास से पीड़ित इन्सान की विवशता है, धन की अभावग्रस्तता का चित्रण है। कविता संकेतों के बल पर अपनी बात आगे बताती है। कविता इस जघन्य सामाजिक प्रतिभास पर अपना विरोध जताती है और क्रान्ति की बात करती है। कविता के शब्द हैं– 'अब तक हम अपनी भूख से लड़ते थे/अब हमें अपनी प्यास से भी लड़ना होगा।' 'सड़क के कन्धे से टिककर/सोनेवाले भूखे–प्यासे बच्चे हैं'(गाँव की आँख) को लेकर आज का समाज निष्क्रिय है, वह भूखे–प्यासे को लेकर चिन्तित होता ही नहीं। श्रीवास्तव की कविता यह भी पहचानती है कि 'सिक्कों का मूल्य यहाँ सब जानते हैं/मनुष्य का मूल्य कोई नहीं जानता' है। (मूल्य) यह स्थिति पूँजीवादी व्यवस्था की विसंगतियों का परिणाम है। अर्थ के केन्द्रीकरण से स्वाभाविक रूप से वर्गाधृत समाज का विकास होता है और उसमें शोषण व ग़रीबी का विस्तार चलता रहता है। ग़रीबी केवल आर्थिक अभाव का नाम या बुनियादी साधनों के अभाव का नाम नहीं, उसमें मानव का अपवर्जन है, अपमान है, पृथक्करण है, कुपोषण है, दर्द है, कुण्ठा है, तनाव है, अधिकारहीनता है।

ग़रीबी सचमुच में जीवन की समूची पीड़ाओं की रंगस्थली है। एक तरफ़ बाज़ार प्रबल होता है, दूसरी तरफ़ आम जनता निर्बल होती जाती है। मशीनीकृत बाज़ारी अर्थतन्त्र में मानव उपभोक्ता मात्र रह जाता है। जितना बाज़ार उत्पादों से सम्पन्न होता है, जीने का बुनियादी साधन तक आम जनता को मयस्सर नहीं होता है, क्योंकि अधिकारहीन सम्मानहीन जनता हमेशा सत्ताहीन रहती है। इस विषमस्थली में पूँजी के आतंक की जख़्मों से भरा रास्ता छोड़कर कवि आगे बढ़ नहीं सकता। कवि जानता है कि पूँजीपति अपने जंगलीपन, बर्बरता, अलोकतान्त्रिकता के बल पर अपना रास्ता सीधा करता है। कवि चारों तरफ़ परिव्याप्त गिद्ध की चोंच से रिसनेवाले ख़ून की बूँद को देखता है, पाषाण होते जा रहे मानव के मन को देखता है, मानव के भीतर की क्रूरता की गन्ध को पहचानता है। इसलिए भीषण समय के प्रवाह में कवि अपने समस्त स्थैर्य–धैर्य को जुटाकर विद्रोहात्मक रवैया अपनाता है। 'विद्रोहात्मक कवि यथास्थिति एवं रूढ़ियों को झकझोरता हुआ नये चिन्तन को उभारता है। वह नये विचारों का प्रवर्तन करता है और नये संवेदनों को नये ढंग से अभिव्यक्त करता है।' (नरेन्द्र मोहन) हर सम्भव कोशिश करते हुए कविता मानव की संवेदना को बचाने में जुट जाती है। इस लक्ष्य की प्राप्ति हेतु कविता दुनिया की विषमताओं के साथ प्रश्नात्मक संवाद करती है और वह संवाद लोकतन्त्र का रंगमंच तैयार करता है। कविता संगठित करने, लड़ने और अपने अधिकारों की माँग करने का वैचारिक सांस्कृतिक अवलम्बन जन–जन तक पहुँचाती है। इस दृष्टि से समाज की परिवर्तनकारी शक्ति के रूप में कविता काम करती है।

'ठण्डे पानी की मशीन' कविता का शीर्षक मशीनीकृत जीवन पद्धति की ओर संकेत करता है। 'ठण्डा पानी' प्रकृति का प्रतीकत्व धारण कर कविता में प्रत्यक्ष होता है तो 'मशीन' कृत्रिम पूँजीवादी व्यवस्था का। इस दृष्टि से प्रकृति और पूँजीवादी व्यवस्था के बीच के विरोधात्मक सम्बन्ध को कविता खोलती है। पूँजीवादी व्यवस्था में 'सर्वाइवल ऑफ़ द फिट्टेस्ट' की बात होती है, 'वीकेस्ट' की नहीं।

ऐसे में स्वाभाविक रूप से यह सवाल उठता है कि जिस समाज में दुर्बल आदमी अपने सारे अधिकारों के साथ जीवन–यापन नहीं कर सकता है, क्या ऐसे समाज को विकसित समाज कहा जायेगा? जीवन से बहुतायात लोगों को धीरे–धेरे अपदस्थ करनेवाली प्रक्रिया को क्या विकास की प्रक्रिया कही जायेगा? जिस बाज़ारीकृत समाज का सदस्य पीड़ाओं से ग्रस्त होता चला जाता है, ऐसे मानव की ज़िन्दगी को क्या ज़िन्दगी की संज्ञा दी जा सकती है? बाज़ारीकृत व्यवस्था का घिनौना रूप 'बाज़ार' शीर्षक कविता पाठकों के सामने रखती है–'यहाँ थोड़े से लोग विक्रेता हैं, बाकी सब क्रेता / बाक़ी सब में बहुत से लोग क्रेता भी नहीं हैं / जो क्रेता नहीं हैं यानी जिनकी जेबें खाली हैं / उनकी कोई जगह नहीं बाज़ार में / वे बाज़ार के वृत्त से बाहर है / चढ़ गयी है क़ीमतें चीज़ों की आकाश में / गिर गया है आदमी का बाज़ार–भाव।' 'डर', 'नगाड़ा' शीर्षक कविताएँ इस भीषण अपवर्जन से प्रताड़ित जन के भय को रेखांकित करती हैं। 'नगाड़ा' कविता की पंक्तियाँ हैं–'युद्ध में प्रलय में / भूख में अकाल में / बजता है अनवरत / पछाड़ता है मृत्यु को / टम्म टम्म भइया / यह सांस का नगाड़ा।' जीवन की सारी बत्तियों को बुझाकर आगे बढ़नेवाली पूँजीवादी व्यवस्था की विकरालता को 'दुःस्वप्न में पृथ्वी' शीर्षक कविता बेहतर ढंग से पेश करती है। कविता बोल उठती है– 'सूखी हुई लहरें थीं रेत में / शंख सीपी और घोंघे थे / एक दूसरा समुद्र था सूखा हुआ / मगर पानी नहीं था।'

प्रस्तुत कविता का काल और स्थल का भी ख़ास महत्त्व है। यह घटना हमारी राजधानी में, संसद के सामने घटती है। जिस समाज में सबकी सहभागिता नहीं है, सबके न्याय संगत कार्यों का ख़याल नहीं किया जाता है, क्या ऐसी व्यवस्था कायम रहे या नहीं, विचारणीय है। यह केवल दिल्ली मात्र की बात नहीं, विकासशील और अविकसित राष्ट्र के शहरों में और उनकी राजधानियों में ऐसी बेशुमार घटनाएँ हर रोज़ घटती हैं। इसलिए दिल्ली विकासशील या अविकसित राष्ट्र का प्रतीकत्व धारण करती है।

साथ ही चौराहे का भी विशिष्ट महत्त्व है। वह कविता के सन्दर्भ में समाज का रूप धारण करता है, जहाँ समाज के लोग एकत्रित हो जाते हैं, आपस में मिलते हैं, संवाद करते हैं।

'दिल्ली' शब्द के प्रयोग के माध्यम से कविता आधुनिक साहित्य की एक कथानक रूढ़ि को सामने लाती है, वह है यात्रा। 'यात्रा' अनेक प्रकार की हो सकती है– आध्यात्मिक यात्रा, मानसिक यात्रा, तीर्थयात्रा, पलायन, विस्थापन आदि। दिल्ली शब्द का प्रयोग करने के साथ ही रायपुर में जन्म लेनेवाले कवि की भौतिक यात्रा का संकेत तो मिलता है। कविता का अन्तिम शब्द भी 'रास्ता' है जो यात्रा के भाव को इंगित करता है। यात्रा विभिन्न भौगोलिक, सांस्कृतिक, सामाजिक परतों को पार करके ही की जा सकती है। इस यात्रा के माध्यम से मानव के जीवनानुभवों का विस्तार होता है, संवेदना गहन होती चली जाती है। साथ ही सामाजिक, आर्थिक, सांस्कृतिक जीवन की जो परतें होती हैं, यात्रा के माध्यम से बेनकाब हो जाती हैं। गाँव में रहने वाला कवि जब शहर पहुँचता है, तो कविता में शहर और गाँव के अनुभवों के बल पर अपनी कविता का कलेवर बुनता है। पूँजीवादी व्यवस्था की विभीषिका को कविता अपनी प्रारम्भिक पंक्तियों में रखती है, पर अन्त में गाँव की सोंधी गन्ध में भरी मानवीयता को पहचानती है, लेकिन कवि के दिल में शंका–आशंका इस बात को लेकर बरकरार है कि गाँव में पूँजीवादी संस्कृति धीरे–धीरे संक्रमित हो रही है। 'बटोहियों को मिलती थीं', 'मगर मिलेगा आज भी' जैसे प्रयोग वर्तमान जीवन के संकट की आशा–निराशा की आँख–मिचौनी को सामने लाते हैं। 'गाँव का रास्ता' कविता की भाषा में 'जीवन का रास्ता' है, 'प्रेम का रास्ता' है जो मानव को जीने लायक परिस्थिति उत्पादित करता है। कविता की पंक्तियाँ हैं– 'यहाँ दिखायी नहीं देते वे रास्ते/जिन पर पड़ते हैं गाँव/ जहाँ आम–नीम–बरगद की छाँव में/बटोहियों को मिलती थीं/ गुड़ की डलियाँ और ठण्डा पानी/गुड़ की डलियाँ अब चाहे

न हों/मगर मिलेगा आज भी/फूल–काँस के लोटे में ठण्डा पानी/यहाँ दिखायी नहीं देते वे रास्ते।' प्रस्तुत कविता समान्तर यात्रा तो ज़रूर करती है दूसरी तरफ़ भावात्मक धरातल पर लम्बित यात्रा भी। दिल्ली के सामने ग़रीब परिवार के बच्चे का ठंडे पानी की मशीन के बगल से पपड़ाये होठों पर जीभ फेरते हुए निकल जाने का दृश्य कविता की लम्बित यात्रा का परिणाम है। वहाँ आकर कविता रुकती है, अपने सम्बोध्य के पास पहुँचती है और उसके जीवन संघर्ष को वाणी देती है। प्रस्तुत कविता आद्योपान्त हाशियेकृत होते जानेवाले मानव की ज़िन्दगी के साथ पूँजीवादी सांस्कृतिक विध्वंसता को प्रश्नांकित करती है और एकान्त श्रीवास्तव सिद्ध करते हैं कि 'मेरी कविता दुखों की खान है/वहाँ दर्द की लिपियाँ हैं अपाढ्य।'(मृत्युदण्ड)

(6)

पी.वी. विजयन जी समकालीन हिन्दी काव्य जगत के ऐसे कवियों में एक हैं जिन्होंने अपने भाव विधान में विशिष्ट प्रकार की संयमिता दर्शायी है। 'कथ्य और तथ्य', 'मौन को तोड़ो', 'नदी को बहने दो', 'शब्द आदमी है' आदि उनके मशहूर काव्य संकलन हैं। कवि के पास शब्द तो भाँति–भाँति के 'रंगवाले पंछी' की तरह आते हैं जो कवि की आँखें चुराकर उनके मन रूपी नीड़ में बसेरा बनाते हैं। कवि के लिए काव्य सपर्या अनुभूति की निर्गुणता को सगुणता में परिवर्तित करने की साधना होती है। उनकी वाणी में–

काव्य की साधना/सगुण की साधना है
भाव निराकार निर्गुण है/उसे शब्दों में उतारना
मानो/साकार को/साधने की/साधना है
शब्द को/साध्य कर/अभिव्यक्ति को/
व्यस्त कर/साधना ही/कविता की साधना है।

कवि बहुत कठिनाई से अपनी भावनाओं की अभिव्यक्ति करता है। 'घनीभूत पीड़ा' के उलझन में फँसकर कवि जीवन की विषमता को 'नीलकण्ठ' की भाँति अन्तर्भूत करता है। कवि की

भाषा में "कवि नीलकण्ठ है/जीवन की व्यथा का विष उसके कण्ठ में घनीभूत है।" कवि का कहना सही है कि विषमता रूपी जंगल में आग का दर्शन कराना कविता का काम होता है। इसलिए जितेन्द्र श्रीवास्तव कहते हैं कि 'कविता नींद की गोली नहीं, जागरण का मन्त्र होती है।' इस जागरण को स्पष्ट करते हुए विजयन जी घोषित करते हैं कि यह चुप रहने का वक़्त नहीं, सच बोलने का वक़्त है। काव्यानुरागी अध्यापक जब जागरण का मन्त्र पढ़ता है तो जीवन की यथार्थताओं की परतें पाठकों के सामने उद्घाटित हो जाती हैं। के.जी. प्रभाकरन की भाषा में "विजयनजी का सम्पूर्ण कृतित्त्व यथार्थवादी दृष्टि, आस्था एवं जिजीविषा का साक्ष्य प्रस्तुत करता है। कवि एक ओर समाज के मिथ्याचार, छल, कपट एवं पाखण्ड की खिल्ली उड़ाता है तो दूसरी ओर राजनीति के अपराधीकरण एवं अवसरवादिता पर कड़ा व्यंग्य करता है। भूमण्डलीकरण के तहत बाज़ारीकरण तथा उदारीकरण के फलस्वरूप भारतीय किसान मज़दूर और निम्न–मध्यवर्ग की दुर्गति, प्रकृति पर बलात्कार एवं प्रदूषण के घातक प्रभावों को अंकित करता है।" जीवन के विभीषिकामय अनुभव भूखण्डों को कवि अपने मौन की साधना के बरअक्स पेश करता है, तब जीवन की सच्चाई खुल जाती है, यही आज की कविता की शिनाख़्त है।

आजकल की सच्चाई यह है कि मानव प्रकृति को दिल से चाहता है। क्योंकि आजकल प्रकृति का दोहन इतना अधिक हो गया है कि प्रकृति के साथ उसका जैविक सम्बन्ध कट गया है। प्रकृति को उपभोग के एक पदार्थ के रूप में मानव देखता है। अपने से 'इतर' एक 'अन्य' के रूप में मानव प्रकृति का अनुभव करता है। ऐसे माहौल में प्रकृति और मानव के बीच अद्वैतता का सम्बन्ध नहीं, द्वैतता का भाव रहता है, लेकिन आज का मानव अनुभव करता है कि ख़ुद प्रकृति मानव की संस्कृति के रूप में परिवर्तित होती है। मार्क्स की भी यही धारणा रही कि 'प्रकृति मानव का अजैव शरीर है।' प्रकृति ही भाषा, संस्कृति, सभ्यता के

रूप में तब्दील हो जाती है। ऐसे में प्रकृति से विलगकर मानव का कोई जैविक, सामाजिक, साँस्कृतिक अस्तित्त्व साबित नहीं किया जा सकता। आज का कवि प्रकृति के बारीकी स्पन्दन से परिचित है। 'नदी को बहने दो' कविता इसका उत्तम नमूना है।

प्रस्तुत कविता में प्रकृति पर मानव द्वारा किये जानेवाले अमानवीय हस्तक्षेप के प्रति गहरी काव्यात्मक संवेदना उमड़ पड़ी है। आजकल विकास के ऐसे सिरफिरे नारे बुलन्द किये जाते हैं जिनकी वजह से प्रकृति के सारे के सारे संसाधन नष्ट होते जा रहे हैं। नदियों की दिशाएँ बदली जाती हैं, बाँध बाँधा जाता है, पहाड़ों को उखाड़कर फेंक दिया जाता है। इस प्रकार प्रकृति एवं उसमें जीनेवाले अनेक प्राणियों की ज़िन्दगी को व अजैविक पदार्थों को ध्वस्त करनेवाले विकास को सच्चा विकास नहीं कहा जायेगा। आज के विकास की कमी यही है कि वह विन्यासात्मक विकास नहीं है, केन्द्रीकृत विकास है। मायना यह है कि इस प्रकार के विकास का फल इने–गिने लोगों की मुट्ठी में चला जाता है। विकास के नाम पर हाशियेकृत किये जानेवाले बेज़ुबान लोगों की जड़ें निकाली जाती हैं। आदिवासियों के लिए, कवि की 'शबरी' के लिए नदी एक बहाव मात्र नहीं, संस्कृति एवं सभ्यता की आधारशिला है। इस अन्दाज़ में प्रस्तुत कविता में नदी जीवन का पर्यायवाची शब्द बन जाता है। इसलिए नदी का 'सूखना' जीवन का 'सूखना' है, नदी का 'बहना' जीवन का ही 'बहना' है। इस अन्दाज़ में नदी के बहाव में जीवन की निरन्तरता का भाव है। जीव–जन्तुओं में जो जैविकता है, वह नदी का विस्तार है। अतएव कविता समस्त प्रकृति में परिव्याप्त जैविकता की उपस्थिति को निरन्तरता या बहाव के रूप में प्रत्यक्ष कराती है। प्रकृति की समस्त वस्तुओं पर सभी प्राणियों का समान अधिकार है। मानव अपनी स्वार्थता की पूर्ति के लिए, खेती के विस्तार आदि के लिए प्रकृति की वस्तुओं का उपयोग करता है जो युक्तिसंगत प्रतीत नहीं होता है। बाँध के बन्धन से, विकास के आंतक से लाखों बरसों से संचित प्रकृति का वैभव नष्ट–भ्रष्ट

हो जाता है। उन वैभवों के नष्ट हो जाने से जीवन की हरियाली धुँधली होती चली जायेगी। कवि की बेबसी यही है– "क्या यह धरती पहले जैसी/मरकत हरीतिम नहीं बनोगी/क्या यह हवा पहले जैसी खुशबू नहीं बाँटेगी।" इसके साथ ही शासन तन्त्र की अमानवीयता की ओर भी कविता संकेत करती है। यदि जनताओं की भावनाओं की अहमीयत होती तो शासन आदिवासियों को बाँध के पानी में डूबने नहीं देता। असल में बढ़ती असंवेदनशीलता, विस्थापन का विस्तार, ग़रीबी का बढ़ावा, असमानता का व्यापन सम्बन्धों के लक्षण कदापि नहीं हैं। जब मानव बाह्य या भौतिक दृष्टि से मात्र सम्पन्न होता है तो इसके सिवाय और क्या हो सकता है? नियोन बल्ब की रोशनी में चमकता विकास नकली है। इसलिए नवीन संकल्प के साथ आगे बढ़ने का उपदेश देते हुए कवि का कथन है–

हम संकल्प करें/कि हमें तरक्की की भीतरी यात्रा करनी है।
हमारी खोई आत्मा की खोज करनी है
जीवन को नरक बनाने से बचाना है
आदमी को जानवर बनने नहीं देना है।

'पेड़ के कट जाने पर' कविता में नीलोत्पल कहते हैं– "पेड़ की कुछ टहनियाँ छाँटकर/वे बचा सकते थे/अपनी इन्सानियत।" ज़रूर जंगल का हरा–भरा होना मन का हरा–भरा होना है, संस्कृति का हरा–भरा होना है, भाषा का हरा–भरा होना है। इसलिए अनिता वर्मा साफ़ कहती हैं–"तेरी हरियाली ही/मेरी नसों में बस रही है।" कवि विजयनजी के भी कानों में पेड़ों की चीख़ है, गंजे पहाड़ों की आह है, कटते जंगलों की कराह है, घायल धरती की पुकार है, मानव की पीड़ा की धधक है। इसलिए प्रकृति के विरुद्ध होनेवाले, मानव को अमानवीय बनानेवाले, बढ़ती क्रूरता के विरुद्ध, आवाज़ उठाना समकालीनता की सही पहचान बन जाती है। कवि आगाह करता है–"याद रखो/कि अन्याय के ख़िलाफ़/आवाज़ उठाना/संवेदनशील/ जनपक्षधर/साहस मानव की/पहचान है।"

प्रस्तुत कविता की भाषा पर थोड़ा–सा विचार करना उचित प्रतीत होता है। कविता का शीर्षक अपने आपमें एक खुला आह्वान है या एक निर्देश है या एक विनती है। कविता में प्रयुक्त 'नदी का दम घुटना', 'नदी का बावली हो जाना' जैसे प्रयोग मानवीय संवेदना के विस्तार को सूचित करनेवाले अवश्य हैं। 'भगवान राम' और 'शबरी' जैसे मिथकीय पात्रों को कविता में प्रयुक्त कर सत्ता और मानव के बीच के नये सम्बन्धों की माँग कविता करती है। आदिवासियों का बेकार हो जाना, लाखों पेड़–पौधों का जल–समाधि लेना आदि प्रयोग विकास की विसंगति की तरफ़ रोशनी डालनेवाले काव्यात्मक शब्द है। 'महाप्रलय' असल में कविता में एक ऐसे प्रतीक के रूप में हमारे सामने उभर जाता है और सोचने के लिए मजबूर करता है कि नदी के बहने के रोकने से नाश की तरफ़ ही मानव का जीवन अग्रसर होगा। इसलिए कविता की बिनती है–"प्रलय के महानाश से बचने/हे सरकार,/इस नदी को बहने दो, जहाँ वह बहना चाहती है।"

यह बहाव इस काव्य संकलन की कविताओं में देखने को मिलेगा। हरित कविताओं का यह संकलन पर्यावरण के बचाव की वैचारिक गर्मी और भाव–सघनता को अपने भीतर ले चलता है। साथ ही यह पृथक्कृत होते जीवन संघर्ष को वाणी देता है तथा पूँजीवादी व्यवस्था के समस्त घृणात्मक चेहरे की पोल खोल देता है। कहने का तात्पर्य इतना ही है कि वर्तमान जीवन की विविध ज्वलनशील जीवन स्थितियाँ पर्यावरणीय कविता प्रसारित करती है और उज्ज्वल भविष्य, जीवन के स्वस्थ उन्मेष एवं समृद्धि की कामना करती है। समकालीन कविता के अध्ययन के दौरान हरित कविता पर मेरी दृष्टि जाती रही, यह संकलन उसका स्वाभाविक परिणाम है। इस अवसर पर मैं अपनी तरफ़ से इस कार्य में साथ निभाने वाले मित्र–बन्धुओं के प्रति, विशेष रूप से प्रोफ़ेसर शान्ति नायर, डॉ. सुप्रिया के. पी., अपर्णा ए. के प्रति शुक्रगुज़ार हूँ। हर पल अनुभव करता हूँ कि इनके स्नेह–सद्भाव के अभाव में यह कार्य शायद अधूरा ही रह जाता।

आशा करता हूँ कि हिन्दी जगत इस प्रयास का स्वागत करेगा।

टिप्पणी

* I'm sorry but I don't want to be an Emperor. That's not my business. I don't want to rule or conquer anyone. I should like to help everyone if possible. We all want to help one another — human beings are like that. We all want to live by each other's happiness, not by each other's misery. We don't want to hate and despise one another. In this world there is room for everyone and the earth is rich and cUn provide for everyone. The way of life cUn be free and beautiful. But we have lost the way. Greed has poisoned men's souls, has barricaded the world with hate, has goose-stepped us into misery and bloodshed. We have developed speed but we have shut ourselves in: machinery that gives abundance has left us in want. Our knowledge has made us cynical, our cleverness hard and unkind. We think too much and feel too little: more than machinery we need humanity; more than cleverness we need kindness and gentleness. Without these qualities, life will be violent and all will be lost. The aeroplane and the radio have brought us closer together. The very nature of these inventions cries out for the goodness in men, cries out for universal brotherhood for the unity of us all. Even now my voice is reaching millions throughout the world, millions of despairing men, women and little children, victims of a system that makes men torture and imprison innocent people. To those who cUn hear me I say, "Do not despair". The misery that is now upon us is but the passing of greed, the bitterness of men who fear the way of human progress. The hate of men will pass and the power they took from the people will return to the people and liberty will never perish. In the seventeenth

chapter of Saint Luke it is written, "The kingdom of God is within man." Not one man, nor a group of men, but in all men — in you, the people. You the people have the power, the power to create machines, the power to create happiness. You the people have the power to make life free and beautiful, to make this life a wonderful adventure. Then in the name of democracy let's use that power. Let us all unite. Let us fight for a new world, a decent world that will give men a chance to work that will give you the future and old age and security. Let us fight to free the world, to do away with national barriers, do away with greed, with hate and intolerance. Let us fight for a world of reason, a world where science and progress will lead to all men's happiness. Let us all unite!

(https://www.charliechaplin.com/en/articles/29-the-final-speech-from-the-great-dictator-)

**https://samalochan.com/banaras/

*** "शत्रु के पक्षवाले या किसी अविनीत की चेष्टाओं, कृतियों अथवा किसी के किये गये असाधारण अनुभव, अपमान, अपकार अथवा गुरुजनों की निन्दा आदि के कारण उत्पन्न मनोविकार को क्रोध कहते हैं। इससे रौद्र रस का संचार होता है।" (रामबिहारी मिश्र, काव्य प्रदीप) करुणा तो "किसी प्रिय के पीड़ित या गत होने या इष्ट वस्तु या वैभव आदि के नष्ट होने और अप्रिय व्यक्ति व अनिष्ट वस्तु के प्राप्त होने से हृदय को जो क्षोभ व क्लेश होता है, उसकी व्यंजना से करुण रस की उत्पत्ति होती है।" (वही)

-प्रभाकरन हेब्बार इल्लत

अघोषित उलगुलान

अनुज लुगुन

अल सुबह दाण्डू का क़ाफ़िला
रुख़ करता है शहर की ओर
और साँझ ढले वापस आता है
परिन्दों के झुण्ड–सा,

अजनबीयत लिए शुरू होता है दिन
और कटती है रात
अधूरे सनसनीखेज क़िस्सों के साथ
कंक्रीट से दबी पगडण्डी की तरह
दबी रह जाती है
जीवन की पदचाप
बिल्कुल मौन!

वे जो शिकार खेला करते थे निश्चिन्त
ज़हर–बुझे तीर से
या खेलते थे
रक्त–रंजित होली
अपने स्वत्व की आँच से
खेलते हैं शहर के
कंक्रीटीय जंगल में
जीवन बचाने का खेल

शिकारी शिकार बने फिर रहे हैं
शहर में
अघोषित उलगुलान में
लड़ रहे हैं जंगल

लड़ रहे हैं ये
नक़्शे में घटते अपने घनत्व के ख़िलाफ़
जनगणना में घटती संख्या के ख़िलाफ़
गुफ़ाओं की तरह टूटती
अपनी ही जिजीविषा के ख़िलाफ़

इनमें भी वही आक्रोशित हैं
जो या तो अभावग्रस्त हैं
या तनावग्रस्त हैं
बाक़ी तटस्थ हैं
या लूट में शामिल हैं
मन्त्री जी की तरह
जो आदिवासियत का राग भूल गये
रेमण्ड का सूट पहनने के बाद।

कोई नहीं बोलता इनके हालात पर
कोई नहीं बोलता जंगलों के कटने पर
पहाड़ों के टूटने पर
नदियों के सूखने पर
ट्रेन की पटरी पर पड़ी
तुरिया की लावारिस लाश पर
कोई कुछ नहीं बोलता

बोलते हैं बोलने वाले
केवल रियासत की गलियों में
आरक्षण के नाम पर
बोलते हैं लोग केवल
उनके धर्मान्तरण पर
चिन्ता है उन्हें
उनके 'हिन्दू' या 'ईसाई' हो जाने की

यह चिन्ता नहीं कि
रोज़ कंक्रीट के ओखल में
पिसते हैं उनके तलवे
और लोहे की ढेंकी में
कुटती है उनकी आत्मा

बोलते हैं लोग केवल बोलने के लिए।

लड़ रहे हैं आदिवासी
अघोषित उलगुलान में
कट रहे हैं वृक्ष
माफ़ियाओं की कुल्हाड़ी से और
बढ़ रहे हैं कंक्रीटों के जंगल।

दाण्डू जाये तो कहाँ जाये
कटते जंगल में
या बढ़ते जंगल में।

अजीब दृश्य है यह

चन्द्रशेखर

अजीब दृश्य है यह
यह तेज़ रफ़्तार पहाड़ी नदियों की
प्रलय धारा की तरह
हहराता आगे की ओर बढ़ता
मिटाता जाता असंख्य पहचानों, इन्सानी बस्तियों
जंगल, पहाड़, श्रम, खेती की फ़सलों, भाषाओं, बोलियों...
साहित्य, संस्कृतियों, इतिहास और इन्सान होने की गरिमा को
सब कुछ को तहस–नहस करता हुआ
अजीब दृश्य है यह
बदलता हुआ
हमारे आस–पास की भूमि को समतल में
चीज़ों और उच्च तकनीक से लदे–फदे
हम सब खोते जाते अपनी स्मृतियाँ, नसीहतें
जो पुरखों ने सौंपी थीं हमें
प्यार और जतन से
ज़िन्दगी की जंग बखूबी लड़ते हुए।

अपना कोई रिश्ता

कुमार वीरेन्द्र

बताते थे हमारे दादा–दादी
नाना–नानी काका–काकी
यहाँ तक कि माँ–बाप ने भी बताया
चाँद को मामा कहते हैं
नदी को कहते हैं माँ
बिल्ली मौसी है
कौआ मामा है अपना
कनगोज़र तो भाई है
ऐसे ही कइयों के बारे में

हम अपने बच्चों को
चाँद को चाँद बताते हैं
नदी को नदी
बिल्ली को बिल्ली
कौआ को कौआ
कनगोज़र को कनगोज़र ही
ऐसे ही कइयों के बारे में

बताने को तो हम भी बताते हैं
उनके बारे में अपने बच्चों को
बहुत–बहुत कुछ
पर उनके बारे में
अपना कोई रिश्ता नहीं बताते

अपहृत नदी

प्रेम कासलीवाल

यहीं कहीं लेटी थी नदी...
ढूँढ़ती है लड़की
उदास आँखों में
परियों का देश,
नन्हे हाथों में काग़ज़ की नाव लिए!

यहीं कहीं थिरकती थी नदी
नोचती है रूपसी
अपने घने लम्बे बाल,
बरजती है लहराने को व्याकुल
अपनी टूटी कमर को,
पैरों में पथरीले लंगर डाल?

यहीं कहीं गुनगुनाती थी नदी...
बुदबुदाती है, माँ
प्यासी प्रार्थना के अन्तिम बोल
और सिरजा देती है
अपने जिस्म के सारे फूल!

दिशाहीन दिशाओं से
पूछती है
लड़की/रूपसी/मां
अपने घर का पता।

अभिव्यक्त होने के लिए

हरीशचन्द्र पाण्डे

नमी थी वहाँ और ऊष्मा भी ज़मीन के गर्भ में
घुमावदार जड़ों का स्नायु संजाल था फैला–फैला आर–पार

अधेड़ कुछ जड़ें थकी–थकी प्रजनन भार से
सर्जना के स्थगन पड़ाव पर खड़ी
किसी पेड़ का ये अन्तिम पतझड़ होगा
पकड़ ढीली होती जा रही है मिट्टी में
और जड़ें ये कुछ जो पहला वसन्तोत्सव देंगी पेड़ को
हंस रही हैं, धँस रही हैं मिट्टी में
फुनगी पर बैठी गौरैया के पंजों की
सरसराहट महसूसती हुई

ममतालू अन्धकार में जैसे एक पिण्ड के
फूटने लगते हैं अंकुर
नमी ऊष्मा थकन और इतराहट के बीच
एक नये बीज में फूट रही हैं इच्छाएँ

जिसे आप दाँतों के बीच दाब कर भी नहीं
तोड़ पाते थे
वह कोमलतम हो कर सिरज रहा है
अभिव्यक्त होने के लिए।

अमरूद

नरेन्द्र जैन

इस पेड़ के सारे अमरूद गिलहरियों और तोतों के लिए हैं
एकाध आधा कुतरा हुआ अमरूद
कभी–कभार हाथ लग जाता है
उसे खाता हूँ और इस ज़मीन की
प्रशस्ति करता हूँ जिसमें पैबस्त है
अमरूद का पेड़
मेरे दुखों की तरह यह पेड़ बारहमासी है
जो हमेशा फल देता रहता है
इसके हर पत्ते से एकाकार होते हुए
तोते उसमें छिपे रहते हैं
गिलहरियाँ हालाँकि दौड़ती हुई रहती हैं
मेरी मौजूदगी से उनकी दिनचर्या में
नहीं पड़ता कोई खलल
बस अमरूद को ज़रा सा कुतरती है
और पत्तों में ओझल
हो जाती है।

अलविदा और सलाम

भारत यायावर

अलविदा!
मेरे देश की महान गौरवशाली परम्परा
सुख–समृद्धि
मान–सम्मान
नैतिकता–सच्चाई
प्यार–सौहार्द–ईमानदारी
अलविदा!
अलविदा बुद्ध
अलविदा कबीर
अलविदा गाँधी
अलविदा साहस
अलविदा शौर्य
अलविदा देशभक्ति
अलविदा बन्धुत्व
बढ़ती आबादी
बढ़ती बेरोज़गारी
सुख–विपन्नता–महामारी
सलाम!
भ्रष्टाचार–पतनशीलता
लूट–बलात्कार

दंगे–मारकाट
अन्याय–अनाचार
पाप–दुराचार
भोग–वासना
स्वार्थ की साधना
सलाम!
हे भूमण्डलीकरण
हे डंकन गैट
हे बहुराष्ट्रीय कम्पनियाँ
हे नवसाम्राज्यवाद
हे आतंकवाद
हे परमाणु बम
हे हिरोशिमा–नागसाकी
हे अमेरिका, हे ब्रिटेन,
हे डॉलर, हे पॉण्ड
सलाम
हे दल
दल में दल
दलदल
हे भ्रष्टतन्त्र के छल
हे चोरी की बारात
चारों ओर काली रात
सलाम!

अस्थि भाषा में

लीलाधर मण्डलोई

मेरी अस्थियों में
एक भाषा होगी
गाँव–जवार
खेत–खलिहान
जंगल–महुआर
लोग–बाग
और जीव–जन्तुओं से बनी
कि कितना कम है
ध्वनि संसार
शब्द संगीत
और स्मृतियों का सच
मैं लिखना चाहता हूँ
उस अस्थिभाषा में रसूल
जिसकी स्याही इधर
सूख–सूख जाती है।

आगमन

दिनेश कुमार शुक्ल

जंगी बेड़ों पर नही
न तो खैबर दर्रा से
आयेंगे इस बार तुम्हारे भीतर से वे

धन–धरती ही नहीं
तुम्हारा मर्म तुम्हारे सपने भी वे छीनेंगे इस बार,
वे तुम सबके रक्त पसीने और आँसुओं
का बदलेंगे रंग
तुम्हारी दृष्टि तुम्हारा स्वाद
तुम्हारी खाल
तुम्हारी चाल–ढाल का भी बदलेंगे ढंग
बीजों के अंकुरण
और जीवों के गर्भाधान
नियन्त्रित होंगे उनके क़ानूनों से

तुम्हें पता ही नहीं
तुम्हारी कविता में वे
पहले से ही घोल चुके हैं
अपने छल के छन्द
तुम्हारी भाषाओं के अंक मिथक किस्से मुहाविरे
सिर्फ़ अजायबघर में अब पाये जायेंगे

देशों की सीमाओं का उनकी सेनाएँ
खुलेआम इस बार अतिक्रमण नहीं करेंगी
वे तो सिर्फ़ इरेज़र से ही
मिटा रहे हैं देश–देश की सीमा रेखा
सात द्वीप–नवखण्ड़ और सातों समुद्र में
सिर्फ़ पण्य की सार्वभौम सत्ता का सिक्का
चला करेगा
इस एकीकृत विश्वग्राम के मत्स्य न्याय में
एक साथ सब जीव जलेंगे दावानल में
जिन्सों की इलहाम भरी
इक नयी खेप अवतरित हुई है
एक भाव रस एक एक भाषा में सारे
बन्दीजन गुणगान कर रहे हैं उसका ही

नये ब्राण्ड का प्रेम उतारा था बाज़ार में
जिसने पहले
लान्च किये हैं उसी कम्पनी ने
हत्या के नये उपकरण,
दाल–भात लिट्टी–चोखे की यादें आयी हैं बज़ार में
सोहर चैता कजरी की
स्वर लहरी के पाउच निकले हैं

विश्व शान्ति के सन्नाटे में
कोई चिड़िया अभी कहीं फड़फड़ा रही है आसमान में
नयी रौशनी की गर्मी में
उसके पंख जले जाते हैं

आरा मशीन

विश्वनाथ त्रिपाठी

चल रही है वह

इतने दर्प में
कि चिनगारियाँ छिटकती हैं उससे

दौड़े आ रहे हैं
अगल–बगल के यूकिलिप्टस
और हिमाचल के देवदारु
उसके आतंक में खिंचे हुए

दूर–दूर अमराइयों में
पक्षियों का संगीत ग़ायब हो गया है
गुठलियाँ बाँझ हो गयी हैं
उसकी आवाज़ से

मेरा छोटा बच्चा देख रहा है उसे
कौतुक से
कि कैसे चलती है वह
कैसे अपने आप एक लकड़ी
दूसरी को ठेलकर आगे निकल जाती है

और अपना कलेजा निकालकर
संगमरमर की तरह चमकने लगती है

मेरा बच्चा देख रहा है अचरज से
अपने समय का सबसे बड़ा चमत्कार
तेज़ नुकीले दाँत
घूमता हुआ पहिया और पट्टा
बच्चा किलकता है ताली बजाकर
मैं सिहर जाता हूँ

अभी वह मेरे सीने से गुज़रेगी
मेरे भीतर से एक कुर्सी निकालेगी
राजा के बैठने के लिए

राजा बैठेगा सिंहासन पर
और वन–महोत्सव मनायेगा।

इस बारिश में

नरेश सक्सेना

जिसके पास चली गयी मेरी ज़मीन
उसी के पास अब मेरी
बारिश भी चली गयी

अब जो घिरती हैं, काली घटाएँ
उसी के लिए घिरती हैं
कूकती है कोयलें उसी के लिए
उसी के लिए उठती है
धरती के सीने से सोंधी सुगन्ध

अब नहीं मेरे लिए
हल नहीं बैल नहीं
खेतों की गैल नहीं
एक हरी बून्द नहीं
तोते नहीं, ताल नहीं, नदी नहीं, आर्द्रा नक्षत्र नहीं
कजरी मल्हार नहीं मेरे लिए

जिसकी कोई नहीं ज़मीन
उसका नहीं कोई आसमान।

उतनी दूर मत ब्याहना बाबा!

निर्मला पुतुल

बाबा!
मुझे उतनी दूर मत ब्याहना
जहाँ मुझसे मिलने जाने ख़ातिर
घर की बकरियाँ बेचनी पड़ें तुम्हें

मत ब्याहना उस देश में
जहाँ आदमी से ज़्यादा
ईश्वर बसते हों

जंगल नदी पहाड़ नहीं हों जहाँ
वहाँ मत कर आना मेरा लग्न

वहाँ तो कतई नहीं
जहाँ की सड़कों पर
मन से भी ज़्यादा तेज़ दौड़ती हों मोटर–गाड़ियाँ
ऊँचे–ऊँचे मकान
और दुकानें हों बड़ी–बड़ी

उस घर से मत जोड़ना मेरा रिश्ता
जिस घर में बड़ा–सा खुला आँगन न हो
मुर्ग़े की बाँग पर जहाँ होती ना हो सुबह

और शाम पिछवाड़े से जहाँ
पहाड़ी पर डूबता सूरज ना दिखे।

मत चुनना ऐसा वर
जो पोचाई और हंडिया में
डूबा रहता हो अक्सर

काहिल निकम्मा हो
माहिर हो मेले से लड़कियाँ उड़ा ले जाने में
ऐसा वर मत चुनना मेरी ख़ातिर

कोई थारी लोटा तो नहीं
कि बाद में जब चाहूँगी बदल लूँगी
अच्छा–ख़राब होने पर

जो बात–बात में
बात करे लाठी–डण्डे की
निकाले तीर–धनुष कुल्हाड़ी
जब चाहे चला जाये बंगाल, आसाम, कश्मीर
ऐसा वर नहीं चाहिए मुझे
और उसके हाथ में मत देना मेरा हाथ
जिसके हाथों ने कभी कोई पेड़ नहीं लगाया
फसलें नहीं उगाईं जिन हाथों ने
जिन हाथों ने नहीं दिया कभी किसी का साथ
किसी का बोझ नहीं उठाया

और तो और
जो हाथ लिखना नहीं जानता हो 'ह' से हाथ
उसके हाथ में मत देना कभी मेरा हाथ

ब्याहना तो वहाँ ब्याहना
जहाँ सुबह जाकर
शाम को लौट सको पैदल

मैं कभी दुःख में रोऊँ इस घाट
तो उस घाट नदी में स्नान करते तुम
सुनकर आ सको मेरा करुण विलाप...

महुआ का लट और
खजूर का गुड़ बनाकर भेज सकूँ सन्देश
तुम्हारी ख़ातिर
उधर से आते–जाते किसी के हाथ
भेज सकूँ कद्दू–कोहडा, खेखसा, बरबट्टी,
समय–समय पर गोगो के लिए भी

मेला हाट जाते–जाते
मिल सके कोई अपना जो
बता सके घर–गाँव का हाल–चाल
चितकबरी गैया के ब्याने की ख़बर
दे सके जो कोई उधर से गुज़रते
ऐसी जगह में ब्याहना मुझे

उस देश ब्याहना
जहाँ ईश्वर कम आदमी ज़्यादा रहते हों
बकरी और शेर
एक घाट पर पानी पीते हों जहाँ
वहीं ब्याहना मुझे!

उसी के संग ब्याहना जो
कबूतर के जोड़े और पंडुक पक्षी की तरह
रहे हरदम साथ
घर–बाहर खेतों में काम करने से लेकर
रात सुख–दुःख बाँटने तक

चुनना वर ऐसा
जो बजाता हो बाँसुरी सुरीली
और ढोल–मांदर बजाने में हो पारंगत

बसन्त के दिनों में ला सके जो रोज़
मेरे जूड़े की ख़ातिर पलाश के फूल

जिससे खाया नहीं जाये
मेरे भूखे रहने पर
उसी से ब्याहना मुझे।

उपमा

अष्टभुजा शुक्ल

ग्रीष्म की
उमस भरी रातों में
काफ़ी समयान्तर से चमकते थे
दूर–दूर छिटके हुए जुगनू

क्या ऊब और असन्तोष
ऐसे ही होता है?

भादों की
अँधेरी रातों में
पीपल के वृक्ष को छोपकर
अविरत जगमगा रहे थे जुगनू
जैसे कम्प्यूटर का कोई संयन्त्र हो अथवा मणिपर्वत

क्या उल्लास और महोत्सव
ऐसे ही होते हैं?

शिशिर की
ओस से भीगी हुई रातों में
पनडोह के किनारे
दूब की झुरमुटों के नीचे

उदास रोशनी में
दिपदिपा रहे थे जुगनू

क्या शोकसभाएँ और श्रद्धांजलियां
ऐसी ही होती हैं?

कहाँ स्थायी भाव वाले तारे
कहाँ संचारी भाव के जुगनू बेचारे?

उम्मीद

राजेन्द्र कुमार कनौजिया

फिर भी बनी रहेगी
जीने की उम्मीद
जब तक बहती रहेंगी
साँसों में तैरती
मेघ की फुहारें
पछुवा की नर्मी
शीत की बरछियाँ
और फागुन के बासन्ती रंग
बनी रहेगी जीने की
उम्मीद तब भी
जब तक जलती रहेगी
सूरज की भट्ठी
नानी कातेगी सूत
चाँद के आँगन में
घूमती रहेगी धरती,
की गेंद अन्तरिक्ष में
बहती रहेगी पहाड़ों की
टूटी मटकी नदियों के
गलियारों में
बचे या ना बचे कुछ भी

मगर तय है
जब तक आते रहेंगे
मेरे सपनों में
बाघबिलैया और बापू
जब तक घरौंदे बनायेगी
गीली रेत से मेरी बेटी
जब तक नहीं टूटेगी
चींटियों की क़दमताल
जब तक तोतों के
कुतरने से बचा रहेगा
एक भी अमरूद
बनी रहेगी जीने की उम्मीद
हमारी तुम्हारी आँखों में

एक जलते हुए शहर की यात्रा

विमल कुमार

इस जलते हुए और शीशे की तरह हर रोज़ थोड़ा पिघलते हुए
इस मरते हुए और मरने से पहले थोड़ा पानी माँगते हुए शहर में
आपका स्वागत है।
किस तरह नुचे हैं तितलियों के पंख यहाँ
किस कदर कुचली गयी है घास पार्कों में
किस तरह ढहाई गयी है दीवार
किस कदर लगाई गयी है आग
लूटा गया है यहाँ किस तरह सबका विश्वास

चीख़ते हुए पेड़ों और रोती हुई नदियों वाले शहर में
आपका स्वागत है

कितनी अच्छी बात है
आप टूटे हुए सपने देखने आये हैं
मासूम बच्चों के आँसू पोंछने आये हैं

विलाप करती स्त्रियों को चुप कराने आये हैं
इस क़त्लगाह में लाशों पर फूल चढ़ाने आये हैं

कौन आता था इस शहर में अब तक
कोई तो नहीं?
कोई सैलानी?
कोई फ़क़ीर?
यही क्या कम है कि आप कम–से–कम राख के ढेर देखेंगे

उठती हुई लपटें और चिनगारियाँ देखेंगे
बेज़ुबाँ गलियों और घायल सड़कों की ख़ामोशियाँ देखेंगे
मँड़राते गिद्धों और मकानों पर बैठी चीलों वाले शहर में
आपका स्वागत है

इस आधुनिक समय में
आप गहरी असुरक्षा और अनिश्चित भविष्य देखने आये हैं
क्योंकि यह सब भी अब देखने की चीज़ें हो गयी हैं

सीने के अन्दर गहरे ज़ख़्मों
और ज़ख़्मों पर छिड़का नमक देखने आये हैं
हमें मालूम है आप किसकी आँखों में चमक देखने आये हैं

एक पूरी ऋतु

लीलाधर जगूड़ी

भारी–भारी टहनियों का बोझ थामे हुए
दो से पाँच फ़ीट ज़मीन पर खड़े पेड़
एक–एक रेशे को कड़ा कर रहे हैं
अपनी तपस्या में वहाँ तक पहुँचना चाहते हैं
एक वर्ष और बड़ी दृढ़ता जहाँ भी उनके लिए छिपी हुई है

ये दो से पाँच फ़ीट ज़मीन पर खड़े पेड़
सौ फ़ीट तक छाया। हज़ार तक हरियाली
फेफड़ों तक हवा और कोसों तक वसन्त देते हैं
जनमते ही जो मोची और दर्ज़ी बन जाते हैं
और सिलना शुरू कर देते हैं ज़मीन को
ख़ुद के बारे में यह जानते हुए कि हमें सींचने वाले
बहुत लोग नहीं हैं

इसलिए उन्हें एक पूरी ऋतु चाहिए
प्यास की नहीं पानी की एक पूरी ऋतु।

एक पेड़ के लिए पाँच कविताएँ

राजेन्द्र उपाध्याय

कुछ दिन बाद वे आयेंगे
पत्थर चूना और सीमेंट लेकर
और वहाँ एक आलीशान इमारत बना देंगे
तब किसी को याद नहीं रहेगा
कि कभी यहाँ
हँसता खिलखिलाता हुआ एक पेड़ था
और उस पर आती थीं एक कोयल
और चहचहाती थी चिड़ियाँ...
तब किसी को याद नहीं रहेगा
कि इमारत खड़ी हो सकती है
एक दिन में
मगर एक पेड़ को खड़े होने में
बरसों बरसों लगते हैं।

एक लाल गुलाब

तेराज शर्मा

मैंने माटी से कहा
क्या उगाओगे मेरे लिए
एक लाल गुलाब?
उसने कहा
पहले नदी से माँग लाओ
अंजुली भर जल मेरे लिए
नदीतट पर गया
तो बीमार पड़ी थी
कहने लगी
मुझे किसी पेड़ की
छाया में ले चलो
और मेरे ताप के लिए माँग लाओ
हवा का एक शीतल झोंका
पागल–सी बदहवास
काँपती हवा के पास गया
तो बोली
पहले सूरज से माँग लाओ
एक चिलम भर ताप मेरे लिए
सफ़ेद उजले कपड़े पहने

सूरज के पास गया डरते–डरते
उसने कहा
आकाश के पास जाओ
और मेरे लिए माँग लाओ
कालिख की दीवार को भेदता
झरोखा भर आकाश
जब मैं आकाश के पास गया
वह खाली गुमसुम बैठा था
बोला
पहले माटी के पास जाओ
और वहाँ उगाओ
मेरे खालीपन को भरता
एक लाल गुलाब

ऐ बादल

श्रीप्रकाश शुक्ल

उतरो उतरो ऐ बादल
जैसे उतरता है माँ के सीने में दूध
बच्चे के ठुनकने के साथ

हवाओं में सुगन्ध बिखेरो
पत्तों को हरियाली दो
धरती को भारीपन
कविता को गीत दो

ऐ आषाढ़ के बादल!
बीज को वृक्ष दो
वृक्षों को फूल दो
फूल को फल दो

बहुत उमस है
मेढ़क को स्वर दो
पखियारी को उड़ान दो
जुगनू को अँधेरा!

जल्दी करो मेरे यार
भूने जाते चने की तरह
फट रहे किसानों को
अपनी चमक से
थोड़ी गमक दो
और थोड़ा नमक भी।

ओ जल

ध्रुव शुक्ल

ओ जल धरती पर किनारे–किनारे बहो
कुइया में पोखर में ताल में भरो
उन्हीं के होकर रहो
वहाँ ठहरो
जड़ों से सटकर रहो
थोड़े से और हटो
ज़रा उस तरफ़ से बहो
यहाँ बीज है
देखो यह अँकुरा रहे हैं
यहाँ से दबे पाँव निकलो
इन बाल–बच्चों की तरफ़ तो देखो
घुटनों से ऊपर मत आओ
इन्हें खेलने दो
मछलियों से बातें करने दो
सीपियाँ बटोरने दो
बिना चिट्ठी–पत्री के
क्यों आ धमकते हो
बिना बुलाये मेहमान की तरह
क्यों पूरी गृहस्थी डुबाते हो

इतनी डोंगियाँ कहाँ हैं कहाँ हैं
इतनी पतवारें
इतनी छतरियाँ
कहाँ हैं अब सबके घर ऊँचाई पर
सब मैदानों में आकर बस गये हैं
नहीं लड़ सकते
तुम्हारे लहरों से बौछारों से
ओ जल
क्षमाप्रार्थी हैं हम
दूर चले आये हैं तुम से
इतनी दूर नहीं आ जाना
इतनी दूर नहीं आ जाना था सबकी इच्छा होती है
कोई साथ बहे
तुम्हारी भी इच्छा होती होगी
तुम्हें परछाइयों से कितना प्रेम है
किनारे–किनारे चलती हुई परछाइयाँ
तुम्हारा उजला शान्त दर्पण
हमने पर्वतों के किनारे बहते हुए देखा है
पैरों से फिसलकर रास्ते का पत्थर
जब तुम्हारे मौन में गिरता है
तुम तरंगित हो उठते हो।
मछलियाँ कितना साधती हैं
वहीं तुम्हारी शान्ति भंग न हो जाये
धीरे से ऊपर आकर साँस लेती हैं
वे तुम्हारे मर्म को जानती हैं
तुम्हारे भीतर गोली धरती

पत्थरों को सीपियों को
छाती से लिपटाये
चुपचाप लेटी रहती है
जब तुम हिलुरकर बहते हो
वह व्याकुल होकर
तुममें ही घुल जाती है
तुम्हारे साथ–साथ बहती है
तुम रास्ता बदलकर चल देते हो
उसकी छाती दरख जाती है
वह तुम्हारी स्मृति को
अपनी गहराई में सँजोये
कामना करती है तुम उस पर फिर बहो
जड़ें प्रतीक्षा करती हैं तुम उन्हें छुओ
ओ जल
सिर के ऊपर का पानी मत बनो।

कचनार पर कविता

अलका सिन्हा

कितना अप्राकृतिक लगता है
आज के समय में
कचनार पर कविता लिखना।
दौड़ती–भागती ज़िन्दगी के बीच
अल्प–विराम, अर्द्ध–विराम की तरह
सड़क के किनारे आ खड़े होते हैं
कितने ही ऊँचे, घने, हरे–भरे
फूलों वाले
या फिर
बिना पत्तियों के
सिर्फ़ डालीदार पेड़...

कैसे पहचानूँ इस भीड़ में कचनार
जानती ही क्या हूँ मैं
इस ख़ूबसूरत नाम के सिवा
चलो, खोज भी लूँ शब्दकोश में अर्थ
देख भी लूँ इंटरनेट पर चित्र
तो भी
क्या सत्यापित हो जायेगा
इस किरदार का चरित्र!

बिना पहचान तो
मुस्कराता तक नहीं है यह महानगर
अपरिचित कोई पता पूछे
तो कुंडियाँ बन्द कर देते हैं लोग
बिना पुलिस–जाँच
नौकर तक नहीं रखते घरों में
बन्द कमरों में दुबके पड़े होते हैं
रिटायर्ड बुजुर्ग
अलमस्त हवा भी लौट जाती है
बेदस्तक
खिड़की के पार से।

ऐसे ख़ामोश वक़्त में
मन की कच्ची ज़मीन पर
काव्यात्मक रिश्ते की गुहार लगाते
अबोध कचनार को
कैसे ठुकरा दूँ
यों तो कहानियों–उपन्यासों में भेंट हुई है
इस किरदार से
क्या पता, मिलने पर लगे
कि बरसों से जानती थी मैं इसे
मेरे ही भीतर था कहीं
रंग और गन्ध में विकसित होता
मैं छूना चाहती हूँ कचनार
लिखना चाहती हूँ
रंग और गन्ध पर कविता...

मगर मन का एक कोना
सचेत कर रहा है लगातार
बेवजह बात न करें किसी अपरिचित से
किराये पर न दें मकान
अनजान–अजनबी को
न छुएँ कोई लावारिस सामान!

पढ़ रही हूँ मैं
अपने और कचनार के बीच आकार लेती
एक सन्दिग्ध कविता
चुप... और ख़ौफ़ज़दा...

करुणा

भागवत रावत

सूरज के ताप में कहीं कोई कमी नहीं
न चन्द्रमा की ठण्डक में
लेकिन हवा और पानी में ज़रूर कुछ ऐसा हुआ है
कि दुनिया में
करुणा की कमी पड़ गयी है

इतनी कम पड़ गयी है करुणा कि बर्फ़ पिघल नहीं रही
नदियाँ बह नहीं रहीं, झरने झर नहीं रहे
चिड़ियाँ गा नहीं रहीं, गाएँ रँभा नहीं रहीं

कहीं पानी का कोई ऐसा पारदर्शी टुकड़ा नहीं
कि आदमी उसमें अपना चेहरा देख सके
और उसमें तैरते बादल के टुकड़े से उसे धो–पोंछ सके

दरअसल पानी से होकर देखो
तभी दुनिया पानीदार रहती है
उसमें पानी के गुण समा जाते हैं
वरना कोरी आँखों से कौन कितना देख पाता है

पता नहीं
आने वाले लोगों को दुनिया कैसी चाहिए
कैसी हवा कैसा पानी चाहिए
पर इतना तो तय है
कि इस समय दुनिया को
ढेर सारी करुणा चाहिए।

कविताओं वाली नदी

वन्दना टेटे

अब भी कभी
मन चाहता है
कविताओं की नदियों में डूबती–उतरती
गोते लगाऊँ
पहाड़ों की ढलान पर
गाती हुई उतरूँ
जटंगी के खेतों में
पीली फ्रॉक पहने
छुप जाऊँ
और दादा से कहूँ–
ढूँढ़ो मुझे!

पके जामुन से रंग लेकर
जब बादल पहाड़ों से
सहिया जोड़ने चलें
तो उन्हें गले मिलते देखूँ।
पर कैसे करूँ
मैं पूरी अपनी चाहना?
कविताओं वाली नदी
सूखने लगी है

गीतों के पहाड़
उजाड़ हैं।
जटंगी के खेतों में
हिंडालकों की माइंस खुदी है।
सूख गये हैं पोखरे
बादल पहाड़ों से
आँख चुरा रहे हैं
और जंगल से गुज़रती हवा
गुनगुनाना गुदगुदाना भूल गयी है।
बस फुसफुसाती हुई
न जाने क्या कहती है
कि मन आदेश से भरे
देह में डूबता उतरता है।
और कविताओं की नदियों में
डूबने की इच्छा
बन्दूक़ की बटों
और बूटों के नीचे
कराहती रहती है
दिन–रात।

कहाँ है मेरा गाँव

इन्दु सिन्हा

मेरा गाँव।
आज मकानों के जंगल में तब्दील हो गया है।
मैंने अपने गाँव को
धीरे–धीरे बदलते देखा है।
मेरे गाँव की सड़क के दोनों ओर बगीचे थे।
गाँव वाले उसे दुबगलियाँ 'गाछा' कहते थे।
बगीचे में ढेर सारे पेड़ थे।
एक पेड़ था 'हरफरौरी' का
छोटे–छोटे, खट्टे–मीठे फलों से लदी रहती थीं डालें।
एक पेड़ था 'पनियल्ला' का
उसके कत्थई रंग के फल बड़े रसीले थे।
हथेली पर रखकर दबा देने से रस भर जाता था।
मिठास बढ़ जाती थी।
एक पेड़ था 'कमरख' का।
गाँव वाले उसे 'चरफक्का' कहते थे।
एक पेड़ था 'खिरनी' का
उसके पीले फलों के काले बीज
खन–खन करते थे।

ख़रीद लिया बगीचे को उन लोगों ने
जिन्हें 'बिल्डर्स' कहते हैं।
बनाया एक से एक मकान, मंज़िल
फ़र्शवाले, संगमरमर के टाइल्स वाले।
चौड़ी–चौड़ी सड़कों से पाट दिया
पगडण्डियों को, बगीचों को, खेतों को।
मकानों का जंगल उग आया है गाँव में
कॉलोनियाँ बन गयी हैं यहाँ
रेत, सीमेण्ट, छड़ से अटी पड़ी हैं सारी जगहें
खेत, खलिहान और बगीचे
सुना है कॉलोनियों में बड़े–बड़े लोग रहे हैं।
उनके गराज़ों में नये–नये मॉडल की कारें हैं
दरवाज़े पर सन्तरी हैं
कुत्तों की फ़ौज है।
अलसेशियन, डाबरमैन, बुल्डॉग जाति के हैं वे।
भौंकने से उनके, काँप जाते हैं गली–कूचे।
सिहर जाती हैं झोंपड़ियाँ
सुना है
गमलों में किसिम–किसिम के फूल हैं,
माली इन्हें सींच कर जीवित रखता है
लेकिन,
कहाँ है वह जीवन देने वाली हरियाली
कहाँ है फूलों से लदी डालियों वाले–
कचनार, अमलतास और गुलमोहर के पेड़
कहाँ खो गया आम का बौराया पेड़
उस पर झूला झूलने वाले बच्चे

कहाँ है 'हरफरौरी', 'खिरनी,' 'कमरख' का मीठा स्वाद–
जो आज भी मेरी जिह्वा पर मौजूद है
कहाँ हैं 'गाछी' में घूमने वाले अधनंगे बच्चे
लकड़ियाँ बीनती पड़कियाँ
आती थी जिनके बदन से माटी की सुगन्ध
कहाँ है रखवाले की आँख बचाकर फल
तोड़ने वाले बच्चों का झुण्ड
कहाँ है कजरी का गीत
सावन का संगीत
कहाँ गये किर्तनियाँ
मेरे खर के पूरब वाले दुर्गस्थान में
बैठकर ढोल–मंजरी बजाने वाले, भजन गाने वाले।
अब तो वहाँ भी 'म्यूज़िक–सिस्टम' पर
तरह–तरह के भजन बजते हैं,
फ़िल्मी धुनों वाले
लाउडस्पीकर से मन्त्र सुनाई देते हैं।
खो गया है गाँव
खो गयी चतुर्दिक फैली हरियाली।
खो गयीं हरी घास पर फैली ओस की बूँदें।
खो गये उस पर चलते पाँव
कट गये सारे पेड़
बचा है एक अनुपयोगी पीपल–वृक्ष
इतिहास हो गये हैं सारे पेड़ उनके फल।
इनका नाम भी नहीं जनेगी आने वाली पीढ़ी
मेरा गाँव भी इतिहास हो जायेगा।
रह जायेगा शेष–मकानों का जंगल।

मैं,
गाँव को धीरे–धीरे मरते देख रही हूँ।
सूनी हैं मेंड़ें खेतों की,
कोई चलता नहीं उन पर।
लहलहाती फ़सलें सूख गयी हैं
नहीं रम्भाती गाएँ,
नहीं है सन्ध्या की लाली।
जब घर लौटती गायों के
खुरों से उड़ती थी धूल
वह गोधूलि–वेला भी नहीं है
नहीं है बिरहा का गीत,
नहीं है बाँसुरी का संगीत
अब तो मटमैली साँझ है
जिसके आँचल में है रात काली
जो मकानों के जंगल को
आच्छन्न कर लेती है।
मकान भूतों की तरह रात के अँधेरे में खड़े हैं।
मैं
ढूँढ़ रही हूँ अपने गाँव को
मकानों के जंगल में।
बता सकेंगे आज
कहाँ है मेरा गाँव।

किसान

सुरेश सेन निशान्त

वे खेतों की देह में
धीरे से रखते हैं बीज
ऐसे निहारते हैं उन्हें
जैसे एक माँ निहारती है
कोख में अपने जाये को
वे पोसते हैं उन्हें
अपनी नसों के लहू से
अपनी साँसों के भाव से
अपनी नज़रों के ताप से
वे महसूसते रहते हैं हर वक़्त
अपनी हथेलियों पर
अंकुरित होते चीज़ों का स्पन्दन
वे जब देखते हैं
धरती के चेहरे पर
एक शर्मीला सा हरापन
एक पिता सा भर जाते हैं
असीम ख़ुशी से।
गुनगुनाते हैं मुँडेरों पर
खड़े होकर कोई लोकगीत

एक लोरी सा सुनते हैं उसे पौधे
और मुस्कुराने लगते हैं बच्चों सा
वे प्रसवा धरती की
दाई माँ की तरह करती है सेवा
बदले में धरती भेंट देती है उन्हें
अपनी कोख से उपजा सबकुछ
सबकुछ
खलिहान में पड़े यह दाने
दाने भर नहीं हैं
प्रसवा धरती की औलाद है
अगर करते हैं आत्महत्याएँ इन्हें बीजनेवाले
तो धरती यतीम हो जाती है
ये दाने कहीं के नहीं रहते
इसकी आँखों में मर जाता है
हमारे भविष्य का चमचमाता सूरज

कुएँ

सदानन्द शाही

पृथ्वी के अन्तःकरण की तरलता के
आख्यान थे

वे हमारी प्यास बुझाते थे
अन्तःकरण की गहनता और शीतलता का भान कराते थे

धीरे–धीरे सूखते गये
मुहल्ले के कूड़ेदान बने वे

अब भठाए जा रहे हैं कुएँ

अन्तःकरण का आयतन संक्षिप्त[1] था
अब संक्षिप्त से संक्षिप्ततर होता जा रहा है।

---

1. मुक्तिबोध की पंक्ति

कुछ पत्ते

उषा वर्मा

एक तूफ़ान गुज़रा
तमाम पत्ते
पेड़ों से कटकर
उड़ने लगे ऊँचे, बहुत ऊँचे
हवा में गुनगुनाते
हँसते अकड़ते
कहते आज हम इस पेड़ से भी
ऊँचे हो गये।
कभी जाना नहीं था
हमने ऊँचाइयों को
पेड़ से लगे
देखते रहे ज़मीन को
और आज घूमेंगे
आकाश में
हँसेंगे, इतराएँगे
दुनिया को बताएँगे।
फिर कुछ ऐसा हुआ
कि आँधी थम गयी।
पत्ते

बेहद घबड़ाये
हड़बड़ाये
आ गये नीचे
ज़मीन पर
चुपचाप पड़े थे
सिरकते थे।
लिपटने को
कोई पेड़ नहीं था।

कुछ बातें अफ़सोस की

देवव्रत जोशी

सुनने में बुरी
किन्तु बातें अफ़सोस की
खण्ड़काव्य लिखा किये आप
कथा कभी लिखी नहीं
पास की, पड़ोस की।

उखड़ गये आँगन के नीम
तुलसी के सौदे होते रहे
आप बस अदीब बने
सलीबें स्वयं की ढोते रहे

कुआँ बुलाता ही रहा वहाँ
चाह आपकी न गयी
चुटकी–भर ओस की।

देशज–परिवेश से कटे–कटे
भीड़ से हटे रहा सदा
सिर धुनती रहीं लोक भाषाएँ
आंग्ल–आभिजात्य से
आप किन्तु सटे रहे सदा

देह दौड़ती रही
मरुस्थल में
भटके ख़रगोश–सी।

क्षुब्ध हैं हवाएँ

हरजेन्द्र चौधरी

क्षुब्ध हैं हवाएँ
छल की मार से
क्षुब्ध है आकाश
रिक्तता के भार से
जो शुरू में कहने की बात थी
वो तुम आज इतने दिन के बाद कह रहे हो
दोस्तो! ख़तरा है
केवल इसलिए पीछे हटना
समझ में नहीं आता मुझे तो
आगे बेहद खड़ी हैं ढलानें
अन्देशा है पूरा पहाड़ लुढ़क आने का
केवल इसी कारण लौटने का निर्णय बेमानी है...
हम काफ़ी दूर आ गये हैं दोस्तो!
यहाँ तक आकर
लौटने से तो मर जाना बेहतर है
शरीरों में थकन है थरथर है
पर मन क्यों तर–ब–तर है भय से
इतना चल चुकने के बाद पता चला मुझे तो
क़रीब–क़रीब सबकुछ इतना अस्वाभाविक
इतना जर्जर है...

तुम्हारे फेफड़ों को एतराज़ है
शुद्ध ताज़ा हवा पर
पैर मना कर रहे हैं नया रास्ता बनाने को
दिल चाहने लगा है उसे कुछ कम धड़कना पड़े
आँखों की पसन्द बन गया है अन्धेरा
जो भी चीज़ चखी जाती है
कड़वी लगती है लोलुप ज़बान को
संगीत सह नहीं पाते कान
संवेदनहीन त्वचा भूल गयी है
स्पर्श की ऊष्म मुलायम भाषा...
शून्य निकल रहा है समूची यात्रा का निचोड़
नाज़ुक विश्वासों को कैसे रोपा होगा मैंने
संगमरमरी चट्टानों पर!
बन्द नहीं कर पाऊँगा चलना–चढ़ना
साथ छोड़ बेशक लौट जाओ तुम
उतर जाओ वापस यहीं से
स्वीकार है मुझे–
जम जाना प्रलयबिन्दु तक
हिमाच्छादित शिखरों पर घर जाना अकेले
पर नियत है
चलते जाना... चढ़ते जाना...

ख़ौफ़ज़दा चिड़िया

रमेश प्रजापति

बाँहें फैलाये बुलाता हैं हमें
जादूगर की तरह बाज़ार
चमचमाती चीज़ों में
तलाशने दौड़ते हैं वे ख़ुशियाँ
छोड़ आये हैं जिन्हें हम
बहुत पीछे
कॉर्पोरेट घरानों के संवेदनशील कालीनों पर
उतारे जा रहे हैं नये रिश्ते
अवसरवादी भाषा से सने
इस मतलबपरस्त दुनिया में
नहीं रहा प्रेम का कोई मूल्य
वर्जनाएँ नहीं टूटतीं
पंगु बनकर टूट जाता है हौसला
टूट जाते हैं सारे क़ायदे–क़ानून
लुभाती रहती हैं मरीचिकाएँ
दौड़ते रहते हैं हम
चमचमाती रोशनी की तरह
वक़्त के कुर्ते की फटी जेब से छिटककर
कुछ सिक्के
गुम हो गये बाज़ार के चकाचौंध में

भूख से लड़ते आदमी की ज़रूरतें
दम तोड़ रही हैं आदमी के अन्दर ही
कौड़ियों के दाम
बिक रही हैं बेशक़ीमती चीज़ें
रियल एस्टेट बाज़ार की 'सेज' पर
बिखर गये मेहनतकश के सपनों के फूल
छटपटा रहा है जनतन्त्र
काँप रहा है जंगल
अपने ही हाथों से
अपना दम घोंट रहे हैं किसान
हरियाली के स्तनों का दूध
निचोड़ रही हैं
धरती की छाती पर खड़ी मशीनें
ख़ामोशी का समुद्र लहलहा रहा है चतुर्दिक
उदास टहनियों पर
बैठी हैं ख़ौफ़ज़दा चिड़ियाँ।

गर्मी के दिनों में

कुमार सुरेश

गर्मी के दिनों में
जंगल के बीचोंबीच
सुनसान सड़क पर
एक विशाल पेड़ के पास ठहर कर
सुना
ज़ोरों से गूँजते,
झीने संगीत को
मैंने मुग्ध भाव से कहा–
पेड़ पर बैठे झींगुरों का कोरस है यह
पत्नी बोली–
हरेक पेड़ की अपनी अलग आवाज़ होती है
चौदह बरस की बेटी ने कहा–
ऐसी कहीं कोई आवाज़ नहीं होती
मैं मुस्कुराया
कि चौदह की उमर में
अभी बेटी के कानों में
अनगिनत दूसरी आवाज़ें
गूँजती हैं
अभी जंगल की आवाज़
सुनने के लिए ज़रूरी
अवकाश नहीं है
उसके भीतर।

गाँव किधर है

कुमार कृष्ण

पहली बार बच्चे ने शहर आकर पूछा–
'गाँव किधर है बापू!'
मैंने सामने उड़ते पक्षी की ओर इशारा किया–
'वह देखो पक्षी की चोंच के दाने में
उड़ रहा है गाँव'
बच्चा बड़ा होता गया
बड़े होते गये उसके सवाल
वह भूलता चला गया
गाय और माँ के दूध का अन्तर
वह भूल गया–
जूता खोलने और पहनने का फ़र्क़
अट्ठारह साल बीत जाने पर
मैंने एक दिन बच्चे से पूछा–
'क्या तुम आज भी बोल सकते हो दादी की भाषा?'
बच्चे ने एक दुकान की ओर इशारा किया–
'पापा उधर देखो
शायद उस सब्ज़ी बेचनेवाली औरत के पास बची हो
थोड़ी बहुत
क्या करेंगे आप उस भाषा का?'
बेटा वह मेरे हँसने की, रोने की भाषा है

जागने की, सोने की भाषा,
मैंने तुम्हारी जेबों में बिजूका के पैरों वाली
जो भाषा भर दी है
वह डराने धमकाने की चीज़ है
तुम्हारे सपनों की भाषा नहीं
उधर देखो उधर उस खिड़की की ओर
तुम्हारी माँ ने–
जिसे सौंप दी हैं अपनी दोनों आँखें
उस खिड़की के सरियों पर
झूल रहा है उसका छोटा–सा गाँव
वह हम सब के इन्तज़ार में पका चुकी है–
अनगिनत सूरज
फिर भी नहीं भूली सरसों का साग खिलाना
ऐसे समय में जब तमाम स्कूल पढ़ा रहे हैं तराजू की वर्णमाला
फिर कौन याद करेगा नीम का पेड़
कौन पूछेगा–'गाँव किधर है बापू!'

गाँव की तलाश

सुभाष राय

जब कभी अकेला होता हूँ
मुझे घेरकर बैठ जाता है गाँव
बतियाता हुआ, मेरा मज़ाक़ उड़ाता हुआ
भीतर उभरने लगते हैं कई दृश्य

रमबिरछा पढ़ता है कक्षा चार में
लट्टू बनाता है, तिपहिया गढ़ता है
कन्धे पर बंसुला लटकाये उसके पिता आते हैं
जब भी ज़रूरत पड़ती है इंजीनियर की

चाक नाचता है रामरतन की उँगलियों पर
मिट्टी कभी दीये और घड़े में
तो कभी गणेश और शिव में बदल जाती है
कबीर ने उन्हीं के किसी पुरखे को
चाक को उँगली पर घुमाते देखा होगा
माटी और कुम्हार का रिश्ता
उन्होंने भले ही बदल दिया हो
पर रामरतन के हाथ के जादू के बिना
गाँव एक क़दम चल नहीं पाता है

सहदेव के कन्धे बहुत मज़बूत हैं
डोली बिना उनके सहारे आ नहीं पाती
चमारिनें बहुत सुन्दर लगती हैं श्रम के गीत गाते हुए
उनके हाथ लगे बिना न धान आता है, न गेहूँ, न गुड़
वही सबसे पहले स्पर्श करती हैं अन्न को
खंती नीलाम होती है तो सभी साथ–साथ उतरते हैं
जिसमें जितना ज़ोर होता है, मछलियाँ ले जाता है

मेरा वह गाँव खो गया है कहीं समय के कुहासे में
पोखरे, ताल के ऊपर खड़ी हैं ऊँची इमारतें
पानी ठहरता नहीं, उड़ जाता है वाष्प बनकर

खेत के गीत नहीं सुनायी पड़ते अब
बच्चे पैदा होने पर सोहर नहीं गातीं महिलाएँ
नौटंकी नहीं होती, रहीम चाचा का आल्हा भी नहीं
बैल बिक गये, गाएँ प्लास्टिक खाकर मर रहीं
बच्चे खेलते नहीं, न ही शैतानी करते हैं
वे बोलने से पहले पढ़ना सीखने लगे हैं

शहर बढ़ आया है गाँव तक
अपने छद्म, फ़रेब के साथ
मैं परेशान हूँ उस मिट्टी के लिए
जिससे मैं बना हूँ, जिससे मैं ज़िन्दा हूँ।

गौरैया नहीं आती अब

राजेन्द्र नागदेव

सत्रह मार्च दो हज़ार आठ की सुबह
दीवार पर टँगी घड़ी छह बार बोलकर चुप हो गयी
यह समय गौरैयों के आने का है।

हवा में इस समय
गौरैयों की चहचहाहट होनी चाहिए थी,
हवा आज ख़ाली क्यों है?

छत पर डाले बाजरे के दाने
हवा के झोंके से छितर रहे हैं
उन्हें गौरैयों के पंखों की फड़फड़ाहट से बिखरना था।

कल बेर की झाड़ियाँ उदास थीं
हमने बचपन से सुना था वहाँ
शाम के झुटपुटे में
सहस्रों गौरैयों का सामूहिक चहचहाना।

हमने गौरैयों के घोंसले
रोशनदानों में देखे थे
हमने गौरैयों के घोंसले

लकड़ी की पुरानी अलमारी पर देखे थे
हमने वहाँ गौरैयों के अंडे
पंखों तिनकों और सुतलियों के बीच रखे देखे थे,
हमने अंडों को चुपचाप छूकर देखा था
हम छूते ही अजीब रोमांच से भर गये थे
वह रोमांच, आनेवाली पीढ़ियों को
किस तरह से समझाएँगे हम?
सत्रह मार्च दो हज़ार सात की सुबह
एक गौरैया भूली–भटकी आयी थी
और उड़ गयी थी
उड़ते–उड़ते कह गयी थी–
कि कोई गौरैया नहीं आयेगी अब इस शहर में,
वह आवाज़ किसी ने नहीं सुनी
यह कोई अपवाद नहीं था
यह कोई अनहोनी नहीं थी
कि वह आवाज़ किसी ने नहीं सुनी
न किसी नागरिक ने, न किसी राजनेता ने,
न किसी कवि ने, न किसी चितेरे ने,
न किसी जीवविज्ञानी ने, न किसी पर्यावरणविद् ने
कौन कहाँ सुनता है, किसी निरीह की आवाज़, कब?

बहुत स्पष्ट हैं इस विषय में हम लोग।
बहुत सीधा है इस विषय पर हमारा दर्शन।
हम कभी कोई व्यवधान नहीं पैदा करते।
किसी मरणासन्न और उसकी मृत्यु के बीच
उसके बाद आकाश से पाताल तक
कहीं भी जा सकते हैं
कुछ भी कर सकते हैं

उसे फिर से जीवित करने के लिए,
हमें कोई प्रयोगशाला तो चाहिए
अपने ज्ञान को सिद्ध करने के लिए
हमें प्रयोगशाला में
मरी हुई गौरैया भी आख़िर चाहिए ही।

मैं अपनी टाई ठीक कर रहा हूँ
मैं अपने जूतों पर पॉलिश कर रहा हूँ
मैं शहर के सबसे बड़े होटल में आयोजित
कॉन्फ्रेंस में जाने के लिए तैयार हो रहा हूँ
सुना है, वहाँ पढ़े जायेंगे गौरैया पर शोधपत्र
फिर गौरैया के 'डी एन ए' से रचे जायेंगे नये गौरैये।

घमण्ड

केवल गोस्वामी

पर्वतों की उत्तुंग़ चोटियों को
पीसकर उड़ा देना
आकाश की चादर लपेट
हवा को ज़ेबों में भरकर
तमाम नदियों की माला पहनकर
ढाई चुल्लू में
समुद्र को पी जाने की आकांक्षा
तमाम फूलों को धराशायी कर
आदमी को
उसकी क्षुद्रता का अहसास कर
जब मैं निकलूँ
जंगलों और मैदानों को रौंदता
तो ईश्वर भी
एक बार हो जाये नतमस्तक
मेरी महानता के सम्मुख
न टिके धरती का कोई जीव
मेरे अहसास से
काँपने लगे सृष्टि का कण–कण
महाकाल को खूँटों से बाँधनेवाला
मैं घमण्डी हूँ।

घायल कबूतर

कविता गुप्ता

मैंने घायल कबूतर को उठाया
हाथों से सहलाया
पानी पिलाया
घावों में हल्दी भरी
मारने वाले को कोसा
और कहा–

"तुम कितने शान्त हो
धवल हो
थोड़ी सी धवलता, शान्ति मुझे भी दे दो
कहीं से एक जोड़ी पंख ला दो
तुम्हारे साथ उड़ूँगी
ये हुनर मुझे भी सिखा दो।"

"इतना सुनते ही वह
मेरे हाथों से छूटकर
अपने घायल पंखों से ही
उड़ गया आकाश में

और बोला–
मैं सोच रहा था
ये आदमी
क्यों मुझसे प्यार जता रहा है?
मुझसे उड़ने का हुनर सीखना चाहता है
जो थोड़ा–सा आकाश बचा है
उसे भी छीनना चाहता है।"

चिड़िया

राजेश जोशी

उजली धूप में
पानी बरस रहा है
'चिड़िया का ब्याह हो रहा होगा'
कहती है मुनिया।

कहती है मुनिया।
चिड़िया का एक पंख
धूप है
एक पंख
पानी।

चोंच में
जो दाना है
वह दाना
दाना पानी भी है
और आकाश भी।

चुपचाप

कुमार अंबुज

पत्ते चुपचाप पीले पड़ रहे हैं
रास्तों की धूल
चुपचाप जमा हो रही है रक्त में
दरिद्रता ने उजाड़ दिये हैं जीवन
मरुस्थल फैल रहा है चुपचाप है
मशीनी दैत्य चुपचाप तरीक़ों से निगल रहा है
मेरा सामाजिक जीवन
क्षय होती हुई सभ्यता में
असभ्यता चुपचाप कर रही है अपना काम

पुराने सम्बन्ध इतनी जल्दी हो गये इतने पुराने
कि कबाड़ी की दुकान पर
पुरानी पत्रिकाओं में मिले चुपचाप
वह एक चर्चित तस्वीर थी
जिसे देखकर याद आये मुझे अब असम्भव से हो गये दृश्य
और झरते हुए पत्ते को देखकर
विकल होना याद आया
अन्यथा विस्मृतियाँ चुपचाप नष्ट कर देतीं मुझे
जिस तरह किया स्मृतियों ने

गुड़हल के फूलों का रंग
अकेली शाम में है डूब रहा चुपचाप
चीज़ों को एक तरफ़ कर देना इतना आसान नहीं
चीज़ें कई बार ख़ुद अपनी याद दिलाती हैं।
चुपचाप पीछा करती हैं वे, कहती हैं ये हम हैं
जहाँ से छूटता है एक दृश्य
दूसरा शुरू होता है ठीक वहीं से

हम चुपचाप निकल पड़ते हैं नये रास्ते पर।

छुअन

प्रयाग शुक्ल

छूता हूँ जल को तो
तैर–तैर आता है कितना कुछ
छूता हूँ हवा को तो
साँसें सुनाई पड़ती हैं
अपनी और औरों की
छूता हूँ धूल–परत
पृथ्वी कुल छू जाती मानो
अँगुलियों से
छूता नहीं हूँ अग्नि को
उससे तो वादा है
बाद में मिलने का
छूता हूँ
पत्तियाँ वृक्ष के पौधों की
हरा हो जाता हूँ हर बार
संसार निवासी मैं
देखता हर बार
संसार निवासी मैं
देखता हर बार
हरा एक संसार!

जंगल और जड़

नीलेश रघुवंशी

इमारत के ऊपर इमारत
खाई के नीचे खाई
दूर–दूर तक फैला कांक्रीट का जंगल
आयेगा एक दिन ऐसा आयेगा
जब हमें हमारी ज़मीन मिलेगी वापस
सीमेंट की टंकी में पानी पीती चिड़िया से
कहा पीपल की फूटती जड़ ने।

जंगल का कवि

महादेव टोप्पो

जब जंगल की
सारी विद्रोही आवाज़ों को
जंगल के पेड़ों के हरेपन को
हरे–भरे होकर सीना–तान
पहाड़ों पर, घाटियों में
उगाने लहराने की
उनकी आकांक्षा को
महुए की बोतल में
डूबने की हो साज़िश
इस जंगल का कवि
रहेगा भला कैसे चुप
वह धनुष उठायेगा
प्रत्यंचा पर कलम चढ़ायेगा
साथ ही बांसुरी और मांदर भी
ज़रूर उठायेगा
जंगल के हरेपन को
बचाने की ख़ातिर
जंगल का कवि
मांदर बजायेगा
बाँसुरी बजायेगा
चढ़ाकर प्रत्यंचा पर कलम

जंगल में पागल हाथी और ढोल

नीरज कुमार नीर

पेट भर रोटी के नाम पर
छीन ली गयी हमसे
हमारे पुरखों की ज़मीन
कहा, ज़मीन बंजर है।

शिक्षा के नाम पर
छीन लिया गया हमसे
हमारा धर्म
कहा, धर्म ख़राब है।

आधुनिकता के नाम पर
छीना ली गयी हमसे
हमारी हज़ारों साल की सभ्यता
कहा, हमारी सभ्यता पिछड़ी है।

अपने ज़मीन, धर्म और सभ्यता से हीन
जड़ से उखड़े,
हम ताकते हैं आकाश की ओर
गड्ढे में फँसे सूँड़ उठाए हाथी की तरह।

जंगल से पागल हाथियों को
भगाने के लिए,
बजाये जा रहे हैं ढोल।

जंगली झरना

ए. अरविंदाक्षन

जंगली झरने के अन्तस्थल में
पत्थर गोल–गोल हो जाते हैं
हर जंगली झरने के भीतर
संगीत है।

जब कोई पक्षी न बचेगा

लाल्टू

जब कोई पक्षी न बचेगा
किसमें पूर्वजों को ढूँढूँगा
न दिखेगी कोई चिड़िया
तो किसे बहन कहकर पुकारूँगा
किससे करूँगा प्यार और किससे नाराज़ होऊँगा।

उसे चाहा
जैसे चाहता हूँ साँस में शुद्ध हवा
उसके लिए विशेषण क्रिया–विशेषण नहीं ढूँढुंगा।
वैसे कौन–सा विशेषण सही होगा
जाफना की स्त्री के लिए जिससे मैंने प्रेम किया
इराक़ी फिलस्तीनी स्त्रियों के बारे में भी कहता हूँ
कि उनको चाहा

चाहता हूँ बादल में पानी या दरख़्त की छाया
सुनता हूँ अचीन्हे पाखी की कूक
कि कौन महाद्वीपों को लाँघकर कहने आयेएगा
चाहिए कुछ न कुछ गाते रहना।

जवान उसे चाहा; वयस्क उसे चाहा
सड़क पर लहूलुहान
मेरे घर वह लड़ रही चिड़ियों की लड़ाई
बावजूद इसके कि हर शहर ने चीर डाला
कि वह हो गयी विवस्त्र खड़ी
उससे सीखता हूँ कि पेट की छाया जिऊँ
कि उसकी शाखाओं में पूर्वजों ने घर बनाये हैं

बादलों के बीच से
उतरता कौन आख़िरी पेड़ से बतियाएगा
ठूण्ठ भले ही, कन्धों पर कौन बैठेगा मेरे
किससे प्यार करूँगा
किसके लिए गीत गाऊँगा
गोल–गोल रानी इत्ता–इत्ता पानी किसे सुनाऊँगा।

वह खेत–मजूर
वह मिट्टी से खेलती है
खुरदरी उँगलियाँ
मन–पाखी छूती हैं
वह वैज्ञानिक, शोध करती है
कविता लिखती है

कि दिनों बाद,
गौरेया दिखी है।
मुझमें मौजूद वह
आख़िरी पाखी।
मैंने उसे चाहा।

जान देंगे, ज़मीन नहीं

शिशिर टुडू

यह कारख़ाना देख रहे हो न बाबू?
कभी हुआ करता था हमारा गाँव
हमारा, हमारे बाप–दादों का गाँव
पनपे थे कई रिश्ते यहाँ, जुड़े थे कई नाते
आज ख़त्म हो गया सब कुछ पलक झपकते
कैसे बताऊँ कितना ज़िन्दा था हमारा गाँव
सुख–दुख में एक–दूसरे के
उमड़ आता था सारा गाँव
अब तो आप देख ही रहे हो वक़्त की मार
न इमली की छाँव, न महुआ की डार
न झूमर की तानें, न आपस का प्यार
सब छीन लिया इसी कारख़ाने ने
लगा दी आग हमारे आशियाने में
बिखर गये हैं हम, बिसर गये हैं हम
कौन हूँ मैं, कहाँ है गाँव मेरा
सब कुछ तो हो गया स्वाहा जलकर
इस कारख़ाने की धमन–भट्ठी में
कभी थे ज़मीन के भूंईहर और जोतदार

आज बेबस हैं रहने को झोपड़पट्टी में
अतीत और वर्तमान ने सबक सिखाया है
मुक्ति का मार्ग नया दिखाया है
आओगे अब अगर नापने–जोखने ज़मीन
तो कह देंगे तुमसे साफ़–साफ़ सीना तान
जान दे देंगे, पर नहीं देंगे ज़मीन!

जामुन का पेड़

ज्योति चावला

मेरे घर के पास वाली सड़क के किनारे
हुआ करता था एक जामुन का पेड़,
बेहद घना और विशाल
इतना ऊँचा कि मैं सोचा करती थी
कि पेड़ की सबसे ऊँची डाल पर चढ़कर
छुआ जा सकता है आसमान भी

उस पेड़ से जुड़ी हैं मेरे बचपन की ढेरों स्मृतियाँ
जामुन के इस पेड़ के नीचे खेलते–कूदते हम हुए हैं बड़े
कई बार माँ से रूठकर घण्टों बैठी हूँ मैं इस पेड़ के नीचे
और तब भरी दोपहर में इस पेड़ ने दी है मुझे
माँ की आँचल सी छाँव और भर पेट भोजन

जामुन के मौसम में अपनी झोली में बटोरे ढेर सारे जामुन
आज भी याद हैं मुझे
कई बार झूला झूला है हर साल सावन के मौसम में
झूले की पींग पर ऊपर तक जाते हुए डरती थी मैं
लेकिन साथ ही यह विश्वास भी कि जामुन का यह पेड़
मुझे कभी गिरने नहीं देगा

गर्मी में अक्सर बिजली गुल हो जाने पर
ख़ूब लगा करती थी बैठक इसी पेड़ के नीचे और
हमें मिल जाता था मौक़ा हुड़दंग मचाने का

हम भाई–बहनों और साथ बढ़ते हुए दोस्तों के बीच
क्या जगह थी इस पेड़ की, शब्दों में नहीं बता सकती,
घर से दूर घर को याद करते हुए साथ खड़ा दिख
जाया करता था वही जामुन का पेड़

आज कई दिनों बाद घर गयी तो देखा
जामुन का वह पेड़ अब नहीं है वहाँ
घरों की इमारतें जितनी ऊँची होती जा रही हैं
उतने ही छोटे होते जा रहे हैं उनके दिल
और उन छोटे दिलों में अब नहीं अट पाता
वह विशाल जामुन का पेड़

अब नहीं है वह पेड़ वहाँ और
मेरे घर की पहचान अब अधूरी जान पड़ती है
अब राहगीरों को होगी मेरा घर ढूँढ़ने में कठिनाई
कि मोड़ पर खड़ा वह पेड़ अब कहीं इशारा नहीं करेगा

खुली रोशनी और हवा को रोकते उस पेड़ का
अब वहाँ न होना ही अच्छा है
हम बचपन के साथियों ने एक मृत बुजुर्ग की तरह
उस पेड़ को भीगी आँखों से दे दी है विदा

अब नहीं लौटेगा वह पेड़ बूढ़े दादा और दादी की जरह
अब हमारी स्मृतियों का एक कोना सूना ही रहेगा
सदा के लिए।

जिजीविषा

जसबीर चावला

म्हारी उम्र में पहुँचोगे, हैरान होओगे–
कैसे करते थे इतना कुछ!
जैसा हम सोचते हैं
अपने बाप–दादा के बारे में
मैं हैरान होता हूँ–
क्या सब कुछ होगा करने के लिए
वोट... रिमोट... रॉकेट... सेटेलाइट
हज़ारों तरह के उपकरण
काम के लिए।
नहीं प्रदूषण का डर नहीं
खोज ही लोगे कोई नया उपाय
डर है तो बस
होगी इच्छाशक्ति और जीने की इच्छा?
कुछ होगा
और सुख जीने का
नहीं होगी तो जिजीविषा।

झुकना

राकेश रंजन

झुकना
जैसे फूलों से लदा हुआ पेड़
झुकता है
पृथ्वी की हथेलियों तक
जैसे श्रद्धा से झुकता है मन
जैसे मेघ झुकते हैं
किसान झुकता है
फ़सल झाँकती है दानों से भरकर
जैसे पृथ्वी झुकी है
अपने अक्ष पर
जीवन को सम्भव करती
वैसे नहीं
जैसे हमले को झुकता है जानवर
भार उठाते
ऊँचाई चढ़ते
प्यार करते हुए झुकना
बच्चों और बुजुर्गों के लिए
उस धरती के लिए झुकना
जो हर क़दम पर झूमती है, तुम्हारे पाँव
वैसे नहीं

जैसे झुकती है, गिरी हुई आत्मा
झुकना
जैसे धान में हाथ झुकता है
शीश झुकता है सौन्दर्य के आगे
जैसे माँ झुकती है
माँ के स्तन झुकते हैं सन्तान के लिए
दूध से भारी आह्लाद से भरे
वैसे नहीं
जैसे तानसेन झुकते थे दौलत की चौखट पर
झुकना
जैसे कुम्भन झुके थे
उस चौखट से सिर बचाकर
निकलते हुए।

ठण्डे पानी की मशीन

एकान्त श्रीवास्तव

दिल्ली के एक चौराहे पर
मैं उसे देखकर डर गया
कि जो आकाश से बरसता है बेमोल
जो नदियों में बहता है खुले आम
तो अब यह पानी भी बिकाऊ हो गया
बाज़ार में
अगर आपके पास पचास पैसे हैं
तो आप एक गिलास ठण्डा पानी पी सकते हैं
कितने जन ठिठकते हैं इसके सामने
जेबें टटोलते हैं और आगे बढ़ जाते हैं
माँ–बाप अपने बच्चे को घसीटते ले जाते हैं
कि चलो, घर चलकर पीना
ख़ुद अपने सूखे पपड़ाये होंठों पर
जीभ फेरते हुए
अब तक हम अपनी भूख से लड़ते थे
अब हमें अपनी प्यास से भी लड़ना होगा
यहाँ दिखायी नहीं देते वे रास्ते
जिन पर पड़ते हैं गाँव
जहाँ आम–नीम–बरगद की छाँव में

बटोहियों को मिलती थीं
गुड़ की डलियाँ और ठण्डा पानी
गुड़ की डलियाँ अब चाहे न हों
मगर मिलेगा आज भी
फूल–काँस के लोटे में ठण्डा पानी
यहाँ दिखायी नहीं देते वे रास्ते।

ठूँठ

प्रभात त्रिपाठी

नंगी कर दी गयी पहाड़ी पर
अभी सिर्फ़ एक वृक्ष है
और वह भी ठूँठ
गाओ,
अगर गा सकते हो
इस ठूँठ के गीत
पहाड़ के चट्टानी सीने पर
इस वृक्ष की स्मृति में
लाखों फूल हैं
और एक समूचा जंगल।

तमस के साये में

सुशील कुमार

अन्यमनस्कता नहीं...
क्योंकि हत्यारे विचार अब
नये मुहावरों के साथ
भाषा की नयी तमीज़ में
शताब्दी के चोर दरवाज़ों से
हमारे यहाँ घुसपैठ करते हैं
जहाँ निशाने पर ज़्यादातर
नयी पौध होती हैं
जिनके कल्लों से
जड़ों के अन्तिम रन्ध्र तक
वे फैल जाते हैं
और सिर्फ़ इनकी
संवेदी शिराओं पर वार करते हैं

यह कितना कठिन समय है कि
टीवी स्क्रीनों और कम्प्यूटर–मॉनिटरों से
अपनी जादुई भाषा की चमक
वे सीधे हमारे बिस्तरों पर फेंकते हैं
और लानतों के बाज़ार में
नयी पीढ़ियों को ला खड़ा करते हैं

जहाँ अपनी अक्लें और नस्लें खोकर
ये पीढ़ियाँ शरीर में ज़िन्दा पर
दिमाग़ से पंगु बन जाती हैं
और कृत्रिम सभ्यता के
मकड़जाल में फंस जाती हैं।

'विकासवाद, उपभोक्तावाद
उदारीकरण, वैश्वीकरण
विश्व अब एक ग्राम है'
और न जाने कितनी ही
भद्र गालियों के कनफोड़ शोर हैं
इस सभ्यता के बाज़ार में,
जहाँ फ़ैशन की ओट में
आधुनिकता के अनगिनत मुखौटे पहन
अपने भीतर के घावों को
हम हंसकर सालते रहते हैं
क्योंकि उन्होंने हमें
मातहत और पालतू बनाये रखने के
नये–नये सुघड़ तरीक़े
ईज़ाद किये हैं
जिनमें सबसे नायाब है–
आदमीपन मारना!
(वे आदमी नहीं मारते)

दरअसल
हत्यारे, विचारों के अलबम से निकलकर
बीसवीं सदी के वही पुराने नायक
इस सदी की सुबह की धूप में

हमारे चौबारों में उतर आये हैं
जिनकी काली करतूतों की भनक
पहले–पहल कविताओं को लगी है
जैसे धरती के अन्दर हलचल की ख़बरें
बिलों में चूहों और
आकाश में परिन्दों को पहले
हुआ करती हैं।

लेकिन उनको मालूम हो गया है कि
कविताएँ मकान होती हैं
जहाँ आदमी संजीदा और
पूरा ज़िन्दा होता है
और कविताएँ
वक़्त की सियाही भी काटती है
इस वजह से बाज़ार में
जगह–जगह सलीबें
खड़ी की गयी हैं और
कविताओं के ख़िलाफ़
तरह–तरह की साज़िशें चल रही हैं।

कविताएँ
नयी पीढ़ियों के हश्र पर बिसूरती हैं कि
समय के इस पड़ाव के आगे
धरती नहीं बची है
पर बेताबी के पर
अपनी बाँहों में बाँध
वे उड़ रहे हैं
नयी सभ्यता के 'मॉड'...बन
तमस के साये में।

तलाश

विजेन्द्र

निर्जन में–
आँखें पानी तलाशती हैं
मैंने पहली बार ओस की बूँद को
इस मौसम में झुलसते देखा
उसका शुभ्र बदन
काला होते देखा
चेहरे पर झुर्रियाँ देखीं
आँखें पानी तलाशती हैं।
पशु मुँह उठाये
अपने मालिकों को देखते हैं।
मैंने पहली बार–
बिना पानी
धतूरे को खिलते देखा
वह इस मौसम में
कभी नहीं खिलता
मैंने देखा–
धरती का पानी चुक रहा है
नदियों का पानी गँदला है
हरियाली मटमैली

सफ़ेद पत्थरों पर खिंची नीली धारियाँ
सूखे पानी के निशान हैं
मैंने उन्हें
पानी के इन्तज़ार में कराहते देखा
दोआब के आदमी को
बेचैन होते देखा

बिना पानी धरती पर पशुओं के खुर देखे
झरनों के बिना–
चट्टानों को चीख़ते सुना।
पानी पत्ती का प्राण है
वह मेरे साँसों की नमी है।
हवा के साथ
उगते पौधों को पानी चाहिए
उन्हें रोशनी के साथ–
खुला आकाश चाहिए
धरती और आसमान दोनों मिल कर
पानी के लिए जीते हैं।
धरती के जल से ही
शब्द रसमय बना है।
मैंने पहली बार डिग्गियाँ सूखते देखीं।

सूखते तालाबों में गूँजता सन्नाटा सुना
जल के बिना
धान के खेत में फटी भयावह दरारें देखीं।
यह दौर बड़ा कठिन है
इतनी सारी सदाबहार नदियों के होते

मैं पानी को तरसता हूँ।
मैंने पहली बार
दोआब के प्यासे आदमी को
उठते देखा।
यहाँ आम के बगीचों को काट कर
खेत बना लिए हैं
टीलों पर उगी झाड़ियों को
सूखते देखा।

मैंने देखा–
तुम्हारी नीली आँखें बेआब हैं...
आँखें पानी तलाशती हैं
जैसे हरी पत्तियाँ
रोशनी–हवा और ताप–

दीदी के धूल भरे गाँव

धर्मवीर भारती

दीदी के धूल भरे गाँव
बरसों के बाद आज
फिर यह मन लौटा है, क्यों अपने गाँव;
अगहन की कोहरीली भोरः
हाय यहीं, अब तक क्यों
दूख दूख जाती है मन की वह कोर।
एक लाख मोती, दो लाख जवाहर वाला,
यह झिलमिल करता महानगर
होते ही शाम कहाँ जाने बुझ जाता है।
उग जाता है मन में
जाने कब का छूटा एक पुराना गँवई का कच्चा घर
जीवन में केवल इतना ही सच थाः
कोकाबेली की लड़, इमली छाँव!

दे दो पानी

अशोक सिंह

ऐ घुमड़ते मेघ
थमकर थोड़ा बरस जाते
मेरे कहने से भी

छोटा किन्तु परिग्रहों से मुक्त,
मैं भी हूँ जीव इसी धरती का
जिसके गुरुत्वाकर्षण के आँगन में
तुम डोलते हो इधर–उधर
जिनकी संघनित ऊष्मा से तुम पैदा हुए
ये सारे वृक्ष मेरे ही परिजन हैं

जानते हैं ये भी
इनकी और तुम्हारी जड़ें एक ही हैं
एक ही है वह तत्त्व जो तुममें
उड़ रहा है पंख बनकर
और दौड़ रहा है इनकी रगों में रस बनकर

ज़्यादा ऊँचे पर मत जाओ
पाँव तुम्हारे धरती में ही हैं
जानता हूँ तुम बरसोगे ही

इसके पहले कि कोई राजा–रानी
मन्दिर पहुँचे और करे स्वाँग
और पहन ले अपने माथे पर मुकुट की तरह
जीवन के प्राकृतिक अधिकार
फिर वृक्षों के पत्ते और किसानों के माथे से
स्वेद पोंछने का रचे प्रपंच
बरस जाओ न मेरे कहने से भी

अपना पानी मुझको दे दो
मेरा पानी तुम रख लो।

दो बारिशों के बीच

राजेन्द्र घोड़पकर

भेड़िये की देह से बह रहा है, लगातार ख़ून
उसे वह देन मिली है कि जब भी वह जख़्मी है
होगा किसी और का ख़ून बहेगा उसकी देह से
कोई और तड़प रहा है पीड़ा से दूर किसी जगह
अपने अनर्गल शोर से बजबजाता है बाज़ार
बाज़ार में एक आदिवासी लड़की आयी है
प्लास्टिक की चप्पलें खरीदने
बाज़ार बड़ा दयालु है कि उसमें आदिवासी लड़की के लिए
प्लास्टिक की चप्पलें मिलती हैं।
बाज़ार की बड़ी कृपा है कि उसमें घूमता हुआ भेड़िया
दिखता नहीं, डराता नहीं है किसी को
लेकिन आदिवासी लड़की आयी है जंगल से
वह देख सकती है भेड़िये को
उसके रहस्य को जानती है।
वह भय से काँपकर ठिठक जाती है वहीं
उसे अचानक बेहद तीव्रता से याद आता है अपना गाँव।

धरती से विदा

नवल शुक्ल

कम हो रही हैं
कुछ चीज़ें लगातार
कुछ वस्तुएँ, कुछ नाम।

बहुत कम हो रहा है
हमारा संसार।

हवा कम हो रही है
पीने के पानी तक का अकाल
धरती कम हो रही है
और हमारे वायुमण्डल का विस्तार।

पेड़–पौधे कम हो रहे हैं
कम हो रही हैं ऋतुएँ
लुप्तप्राय हो गयी कुछ नदियाँ, कुछ फूल, कुछ जीव।

दूर क्षितिज पर दिखाई देता है उनका झुण्ड
धरती से विदा ले रहे हैं उन सबके
धीरे–धीरे काँपते हुए हाथ।

नये इलाक़े में

अरुण कमल

इस नये बसते इलाक़े में
जहाँ रोज़ बन रहे हैं नये–नये मकान
मैं अक्सर रास्ता भूल जाता हूँ

धोखा दे जाते हैं पुराने निशान
खोजता हूँ ताकता पीपल का पेड़
खोजता हूँ ढहा हुआ घर
और ज़मीन का ख़ाली टुकड़ा जहाँ से बायें
मुड़ना था मुझे
फिर दो मकान बाद बिना रंग वाले लोहे के फाटक का
घर था इकमंज़िला

और मैं हर बार एक घर पीछे
चल देता हूँ
या दो घर आगे ठकमकाता

यहाँ रोज़ कुछ बन रहा है
रोज़ कुछ घट रहा है
यहाँ स्मृति का भरोसा नहीं
एक ही दिन में पुरानी पड़ जाती है दुनिया

जैसे वसन्त का गया पतझड़ को लौटा हूँ
जैसे बैशाख का गया भादों को लौटा हूँ

अब यही उपाय कि हर दरवाज़ा खटखटाओ
और पूछो
क्या यही है वो घर?

समय बहुत कम है तुम्हारे पास
आ चला पानी ढहा आ रहा अकास
शायद पुकार ले कोई पहचाना ऊपर से देख कर

नदियाँ

केदारनाथ सिंह

वे हमें जानती हैं
जैसे जानती हैं वे अपनी मछलियों की बेचैनी
अपने तटों का तापमान
जो कि हमीं हैं

बस हमीं भूल गये हैं
हमारे घर कभी उनका भी
आना–जाना था

उनकी नसों में बहता है
पहाड़ों का ख़ून
जिसमें थोड़ा–सा ख़ून
हमारा भी शामिल है
और गरम–गरम दूध
टपकता हुआ भूरे दरख़्तों की छाल से
पता लगा लो
दरख़्तों की छाल
और हमारी त्वचा का गोत्र

एक ही है
परछाइयाँ भी असल में
नदियाँ ही हैं
हमीं से फूटकर
हमारी बग़ल में चुपचाप बहती हुई नदियाँ
हर आदमी अपनी परछाईं में
नहाता है
और लगता है
नदी में नहा रहा है

जो लगता है वह भी
उतना ही सच है
जितना कोई भी नदी

पुल–
पृथ्वी के सारे के सारे पुल
एक गहरा षड्यन्त्र हैं नदियों के ख़िलाफ़
और नदियाँ उन्हें इस तरह बरदाश्त करती हैं
जैसे क़ैदी ज़ंजीरों को
हालाँकि नदियाँ इसलिए नदियाँ हैं
कि जब भी चाहती हैं
उलट–पुलट देती हैं सारा कैलेंडर
और दिशाओं के नाम

हमारे देश में नदियाँ
जब कुछ नहीं करतीं
तब वे शवों का इन्तज़ार करती हैं

अँधेरे को चीरते हुए
आते हैं शव
वे आते हैं अपनी चुप्पियों की चोट से
जीने की धार को
तीव्रतर करते हुए

नदियां उन्हें देखती हैं
और जैसे चली जाती हैं कहीं अपने ही अन्दर
किन्हीं जल मग्न शहरों की
गन्ध की तलाश में

नदियां जो कि असल में
शहरों का आरम्भ हैं
और शहर जो कि असल में
नदियों का अन्त

मुझे याद नहीं
मैंने भूगोल की किस किताब में पढ़ा था
अन्त और आरम्भ
अपने विरोध की सारी ऊष्मा के साथ
जिस जगह मिलते हैं
कहीं वहीं से निकलती हैं
सारी की सारी नदियाँ।

नदी

ज्योतिकृष्ण वर्मा

तुम सूख चुकी नदी का दर्द
जानते हो?
यदि नहीं, तो पूछ लो
बस एक बार
कि रो रहा है कब से
प्यास और तृप्ति की
दूरी मिटाने को
समुन्दर।

नदी को बहने दो

पी. वी. विजयन

नदी को बहने दो सरकार!
नदी को बहने दो।
बहना ही उसका जीना है।
उसे अपनी उमंगों की तरंगों में
थिरकने दो,
अपनी मनचाही दिशा की ओर
बहने दो बढ़ने दो।
सरकार का आदेश है,
कि यह नदी इस तरफ़ नहीं
उस तरफ़ बहे।
वहाँ के मरुस्थलों को
खेतों में बदलना है।
वहाँ के खेतों को हरा भरा करना है।
वहाँ के कारख़ानों को बिजली देनी है।
वहाँ प्रगति लानी है।
इसलिए
इस नदी को
यहाँ नहीं, वहाँ बहना है।
नदी की गति को

बाँधों में रोकती
दूसरी दिशा की ओर मोड़ती
सरकार अगली शताब्दी की ओर
अग्रसर है।
बाँधों में बन्द नदी का
दम घुट जाता है।
उसकी बेचैनी
बेसँभाल हो जाती है।
वह बावली हो जाती है।
और अपनी मर्यादा भूल जाती है।
नदी का पानी चढ़ता जाता है।
दोनों कूलों को डुबोती
बाढ़ आती है।
गाँव के गाँव
बाढ़ में डूब जाते हैं।
भगवान राम की एक नहीं
कई शबरियाँ
पानी में डूब मरती हैं
हज़ारों आदिवासी बेकार हो जाते हैं
लाखों पेड़–पौधे
जल समाधि लेते हैं।
हरा–भरा जंगल
महाप्रलय में तब्दील हो जाता है।
प्रलय के महानाश से बचने
हे सरकार
इस नदी को वहाँ बहने दो
जहाँ वह बहना चाहती है।

नीम

प्रतापराव कर्दम

नीम ने कहा
तुम तो कहते थे
नीम की आड़ है निमाड़
मालूम है मेरा पेटेंट वहाँ है।
सात समुन्दर पार
किसान ने सुना तो
गन्नाटी खा गिर पड़ा
दौड़ते घोड़े की नाल
निकल दूर जा गिरी
लँगड़ाते वह बैठ गया
धक बैलगाड़ी के
पहिये का लोह–पाट फिकाया दूर और
गाड़ी बैल
इधर बाँधी जाती थी नाव
जिस खूँटे से
निकल ही गया वह
नाव फिर मझधार
पर
महाजन पोथी में लिखते हँस क्यों रहा है।

पंखुड़ियाँ रिश्तों की

पद्मेश गुप्त

हवा का झोंका
कहीं भी ले जाये पंखुड़ी,
ख़ुशबू गुलाब की
उसके गुलिस्ताँ की ही आयेगी।
समय कितना भी कर दे दूर
मुझे अपने परिवार से
छवि मुझमें
मेरी माँ मेरे पिता की ही आयेगी।
पंखुड़ियाँ रिश्तों की ही
फूल से परिवार का
शृंगार करती हैं
मन को मन से
बाँधने का
कार्य करती हैं।

पत्थर और इन्सान

जनार्दन गोंड

मिलकर
पत्थर और इन्सान
बनाया एक गीत
प्रेम और श्रम का
पहाड़ों ने दी आवाज़
और
कोरस दिया कंकड़ों ने
फावड़े,. कुदाली, छेनी, हथौड़े
गैंते और घन ने दिये साज।
नील गगन में थिरकते रहे,
उन्मुक्त परवाज़,
और
रंगते रहे गीतों से
पूरा आकाश।
तभी से धरती और
आसमान गीतों
के रंग से भर गये।

पवन

रजत कृष्ण

मनुष्य के कण्ठ से
पहला शब्द फूटा
तो उसे
पेड़–झील–पर्वत–पक्षी
झरने और समुद्र के हृदय तक
पहुँचाया पवन ने।

मनुष्य ने फूँका शंख
तो पवन ने
उसे नाद दी।
बजाया ढोल–मृदंग
तो थाप दी।
पवन ने दिशा दी
उस पहले तीर को
जिसे मनुष्य ने
सिरजते ही
छोड़ दिया था शून्य में।

मनुष्य की राह
लम्बी होती गयी

थकान से टूटने लगा वह
तो पवन ने उसे
घोड़े पर बिठाया।
जिसकी टापों की गूँज में
दर्ज है
मनुष्य की सुदीर्घ जय गाथा।

मनुष्य ने
आसमान में उड़ते
यान की कल्पना की
तो पवन ने उसे
पीठ पर साजा,
सोचा चाँद पर जाने की
मंगल से
जीवन–बीज ढूँढ़ लाने की
तो वह हँसी ख़ुशी घुमा लाया।

सड़क पर गतिमान
तुम्हारी हमारी साइकिल को
पवन की दरकार
पवन के लाड़–दुलार से
घूमती है
हमारे बच्चों की फिरकनी
थिरकती है कठपुतली।

पवन की तरंग को
इधर ख़ूब साधा है हमने
अभी–अभी मैंने

घऱ बैठे ही
सुदूर बस्तर के
अपने कवि मित्र से
बात की
उसके सुख–दुख जाने
बस एक बटन दबाया
और स्वयं को
विश्व–ग्राम में
खड़ा पाया।

मनुष्य के पत्थर बन जाने में
कोई बहुत वक़्त नहीं लगता
यह सिर्फ़ पवन जानता है
जो हमारी साँसो को
नम रखता है
और जीवन की जड़ में
रंग–गन्ध सींचता है!

पानी के पेड़

हेमन्त कुकरेती

पानी एक पेड़ की तरह था
तैरती हुई हमारी परछाइयों को शीतल करता

धूप को पी रहे थे पानी के पेड़
पास बुला रहे थे वे आकाश को
जिसकी तपिश छूना ही चाहती थी धरती को
पानी कितने काम आया उसके

अकेले अक्तूबर की उदास शाम
कुछ जल्दी ही घिर आयी
बरस चुके नारंगी बादल मन जैसे हल्के थे

जो पानी के किनारे रहते हैं
उन पक्षियों के कलरव से हमें
समय का पता चला
घास को इतना घना कर दिया था पानी ने
कि हम वहाँ छुप सकते थे

क्या हम पानी में ही रहते थे कभी!
वह कौन था
जिसने पानी को सुखा दिया?

सब एक दिन चले जायेंगे अतल जंगल में
जहाँ बहती है आवारा पवन
हिलते हैं पानी के पेड़

खिड़की पर खड़े यादों में डूबे
आदमी के बाल काँपते हैं

और आईना छलछलाने लगता है

पृथिवी मेरी बाँहों में

श्याम कश्यप

पृथिवी एक शब्द है
नाद–ब्रह्म घोष–
लाखों–करोड़ों वर्षों के
गहन अनुभवों की गूँज।

सौन्दर्य–स्फोट है पृथ्वी
आभा अपनी झलकाती
आत्मा की गहराइयों में कोमल
एक रहस्यमयी रूप...

पृथिवी रसवन्ती है
कपिला कामधेनु–सी
प्रवाहित नसों के संजाल में
अमृत की गोरस धार...
पृथिवी एक गन्ध है
नासा पुटों को झनझनाती
सतरंगी ऋतुओं से फूटती
मादक और मोहक महक...

पृथिवी एक स्पर्श है
चाक्षुष आकार से परे
ममतामयी उँगलियों का
थरथराता जादुई संवेदन...

मेरा प्यार है पृथिवी
मेरे बाँहों के घेरे में
अनन्त जीवन की–
अजस्रा दिपदिपाती अजर–अमर लौ!

पृथ्वी

अनीता वर्मा

एक विशाल साम्राज्य के होते हुए भी
विनम्र हो तुम
यह तुम्हारी ही हरियाली है
जो हमारी नसों में बहती है
तुम्हारा ही जल है जिससे तरल है हमारा रुधिर
यह तपती सतह ही है आग और ताक़त
तुम्हारे ही जंगल हैं हमारे भीतर तक जाते हुए
जिनमें खोते ही रहते हैं हम
तुमने ही इकट्ठा किये हैं सूरज और चाँद

तुमने ही दिया है सब कुछ सुन्दर
गन्ध रूप रस और शब्द
जिन्हें हम ख़ूब खोते रहे जीवन में
मिट्टी की कोमल तहों के नीचे
एक जो तुम्हारी आत्मा है
जो कभी–कभी दुख से भर जाती है
तो तुम दरकने लगती हो माँ के दृश्य की तरह
गुजरात में सबने सुना वह रुदन

हमने तुम्हें नहीं रखा हरा–भरा
बहुत शोर पैदा कर दिया
नदियों को बाँधा और डुबो दी धरती
अब हम उन्नत हैं
रहा नहीं कोई चारा
नीचे गिरने के सिवा।

पृथ्वी की पीड़ा

अरुण शीतांशु

उसके हाथ में चाँद है
आपके हाथ में सूरज
जन के हाथ में बादल
पशु पक्षी के हाथ में पृथ्वी

मेरे हाथ में है
चाँद का दाग
सूरज का आग
बादल की आवाज़
और
पृथ्वी की पीड़ा

पेड़

अशोक सिंह

यह सच है कि
आदमी की तरह उसकी आँखें नहीं होतीं
पर इसका मतलब यह तो नहीं कि
पेड़ अन्धे होते हैं, कुछ देख नहीं सकते
सुन नहीं सकते, बोल नहीं सकते
हँस–गा नहीं सकते, रो नहीं सकते पेड़?

अगर तुम ऐसा मानते हो
तो क्षमा करना
पेड़ों का मानना है कि तुम आदमी नहीं हो !

पेड़ों ने सबको सब कुछ दिया
चिड़ियों को घोंसला
पशुओं को चारा
मुसाफ़िर को छाया
भूखों को फल
पुजारी को फूल
वैद्य को दवा
बच्चों को बाँहों का झूला
चूल्हों को लकड़ी

घर को दरवाज़े, छत, खिड़कियाँ
नेताओं, अफ़सरों को कुर्सियाँ

बदले में इन सबने पेड़ों को
अब तक क्या दिया?

नहीं चाहकर भी आज
इसका हिसाब माँगते हैं पेड़!

पेड़ पर लिखते–लिखते
कई लोग पेड़ हो गये
और बोलते–बोलते
पेड़ की तरह मौन

पर अफ़सोस!
पेड़ों को लेकर
वर्षों से चल रही बहस में शामिल लोग
आज पेड़ क्यों नहीं हो जाते?

पेड़ के साथ बातचीत

मोहन राणा

जिस तरह तुम सोखते हो कार्बन
हमारी चिन्ताएँ भी सोख लो रात की करवटों में
सुबह वे धूल की तरह होंगी पत्तों पर,
ले लो हमारे दुख को
वह ओस की तरह बिछेगा तुम पर,

हमें ख़ुशियों की चादर चाहिए
तुम्हें क्या चाहिए
हमें तुम्हारा जीवन चाहिए
तुम्हें क्या चाहिए

शहर की नींव में हैं तुम्हारी जड़ें
पेड़ तुम क्यों नहीं कहीं चले जाते पूरब से आती हवा के साथ
या किसी आँधी में कहीं और
कुंद कुल्हाड़ियों के आने से पहले,

पेड़ दे दो कोई सन्देश आषाढ़ के मेघ को
वह रुका है आकाश पर
जैसे कुछ सुनने इस समय,
तुम हम जैसे हो शाखाओं की तरह फैले होते हैं
प्रायः हमारे हाथ प्रेम तक पहुँचने के लिए
व्यापक अँधेरे में
तुम हम जैसे हो पेड़

पेड़ होने का मतलब

शैलेन्द्र चौहान

समझते हैं लोग क्या
पेड़ से!
होने से, उसके न होने से
पेड़ का मतलब छाया
हवा, लकड़ी; हरियाली
पेड़ जब सनसनाते
सन्नाटे को तोड़ते
कभी ख़ुद टूट जाते
तूफ़ान से लड़कर
देखते लोग पेड़ वे
आँधी में टूटे हुए
होते हैं कितने लाभदायक
नहीं टूटते तब
टूटने पर
आते हैं अनगिनत काम
घर द्वार हल मूँठ और बैलगाड़ी
नाव–घाट, मोटर, रेल
बक्सा, सन्दूक, कुरसी, मेज़

सोचते हैं क्या हम कभी?
पेड़ों के स्पन्दन
उनके जीवन और मृत्यु की बात
हरी पीली पत्तियों एवं शिराओं में
बहते जीवन रस के बारे में
क्या आदमी के साथ
पेड़ों का सम्बन्ध
है मात्र पूजा और उपयोग का
प्रतीक होते हैं पेड़
सतत जीवन्तता, उत्साह
और प्रेम के

प्रकृति और स्त्री

जसिन्ता केरकेट्टा

सदियों से तुम डरते रहे प्रकृति से
सोचकर
वह है सृजन के साथ विनाश की भी देवी
तुम उसे कभी समझ नहीं पाये
जैसे
कभी समझ नहीं पाये तुम स्त्री को

औज़ार और सत्ता हाथ में आते ही
पहले किया प्रकृति को तबाह
करने को उस पर एकछत्र राज
कभी न सुनी स्त्री की आह
सृजनशीलता की जादुई डिबिया में बन्द
क़ैद रह गयी थी हमेशा उसकी आवाज़

तुमने स्थापित किया देवियों को
घर से बाहर बनाकर मन्दिर
तुम्हारी बनायी विकसित दुनिया में
ताकि हमेशा के लिए उन मन्दिरों में
पुरातन सभ्यता की देवियाँ रह जायें बन्दी

मातृसत्तात्मकता के शब्द जाल में क़ैद
ये देवियाँ हर साल अलग–अलग नामों से
तुम्हारे ही हाथों से लेती हैं आकार
तुम्हीं उतारते हो उनकी आरती
फिर करते हो
अपने ही हाथों उनका अन्तिम संस्कार

तुमने धरती को खोद डाला
उसके गर्भ से निकालने को
आर्थिक वर्चस्व के लिए सम्पदा अपार
पीढ़ियों पर करने को अपना अधिकार
तुमने अनसुनी कर दी स्त्री की चीत्कार

फिर आज कौन सी ताक़त तुम्हें
खींच लायी है इन देवियों के दर?
वह है सिर्फ़ और सिर्फ़
प्रकृति और स्त्री से तुम्हारा डर।

प्रकृति रोज़-रोज़ अभिनय है

अजीत चौधरी

अल सुबह, मैं अपने रास्ते पर जाते हुए
किसी दृश्य में था मैं कब प्रकृति में शामिल हुआ
पता ही नहीं चला
वहाँ पहुँचने के पहले
घाटी में बादल थे
पेड़ और पहाड़ थे ध्यानस्थ
दूर, गाँव टोलों के घरों में
बत्तियाँ जल रही थीं,
घर रात भर किसी की प्रतीक्षा करते–करते
सो गये होंगे
सभी इस भ्रम में रहते हैं
कि जैसे उनके लिए प्रकृति रंगमंच पर आती है
जैसे एक ठहरा हुआ बादल होता है, सूत्रधार
जैसे पार्श्व में ढँके परिदृश्य में
झिलमिलाती नदी होती है
बेल की तरह पहाड़ों में लिपटे रास्ते होते हैं
पहाड़ों से वे आवाज़ टकराते बादल, उन्हें लेने आते हैं
वहाँ अनजान पखेरू की आवाज़
प्रकृति की आवाज़ होती है

अनेक वनस्पतियों की गन्ध
प्रकृति की गन्ध होती है
किसी जीवजन्तु की झलक
प्रकृति की झलक होती है
उनकी आँखों में झलकता अविश्वास
प्रकृति का अविश्वास होता है।
बहुत बरस हुए मैं अपनी आँखों में
प्रकृति का एक दृश्य छिपा लाया था
बहुत साल से वह दृश्य स्मृति में संरक्षित है
कोई नहीं ज़ानता प्रकृति इस तरह दृश्य बनकर
कब की ग़ायब हो चुकी थी
अब उसी दृश्य को फिर से पाले में
प्रकृति का रोज़–रोज़ अभिनय है।

प्लास्टिक

राग तैलंग

काँच और धातु के
सारे नक़्क़ाशीदार बर्तनों को गलाकर
जाने कहाँ से सामने आ गया यह प्लास्टिक
हर आँच से बचते–बचाते

ये सारी की सारी ताज़ी हवा
अपने पारदर्शी थैले में बन्द किये
कहाँ भागे चला जा रहा है प्लास्टिक

तमाम किताबों तस्वीरों के बाद अब
संसार के नक़्शे को भी मढ़ लिया प्लास्टिक ने
बहने लगा इसका समुद्र तो सारी ज़मीन पर

प्लास्टिक के पेड़, प्लास्टिक के फूल,
प्लास्टिक के चेहरे, प्लास्टिक के रिश्ते,
प्लास्टिक की भाषा, प्लास्टिक की बोली,
और तो और प्यार भी हुआ प्लास्टिक का
प्लास्टिक है सब प्लास्टिक

ये किस नये चाक पर आकार ले रही है दुनिया
ये कैसे पनप गया प्लास्टिक का समाज
हमारी ही आँखों के सामने

क्या यही सब हासिल होना था हमें
प्लास्टिक की कारीगरी से
लगता है रुकेगा नहीं इतने पर भी
सब कुछ के प्लास्टिक होने का सिलसिला

ख़ैर...
आगे जायेगा कहाँ तक यह
आख़िर है तो यह प्लास्टिक ही
बहा ले जायेगी इसे भी एक दिन कोई वैसी ही हवा
कोई आँच दफ़न कर देगी इसे हमेशा के लिए
नहीं तो
तराश लेंगे हम
फिर कोई पत्थर का औज़ार और
खुरच देंगे प्लास्टिक के सब आकार।

बचाव

स्वप्निल श्रीवास्तव

घर के बाहर निकलो तो बचो
घर में रहो तो बचो
क्योंकि जो कुछ बचा हुआ है
उसे नष्ट करने की कोशिशें जारी हैं

दुश्मनों से नहीं दोस्तों से बचो
हिंसा से नहीं अहिंसा से बचो

इस शताब्दी में तमाम चीज़ों के
बचाने के लिए अभियान चलाये
जा रहे हैं
ताज्जुब यह है कि बचाव की इतनी
कोशिशों के बावजूद
न आदमी बच रहा न जंगल
परिन्दों की बात तो बहुत दूर है

सबसे ज़्यादा ख़तरे में तो आदमी के विचार हैं
यदि वे नहीं बचे तो कुछ भी नहीं
बचाया जा सकता है

जो कुछ बचा है, वह भी नहीं बचाया
जा सकता है
बचाने वाले कम, नष्ट करने वाले
हाथ ज़्यादा हैं

बलिश्त पर वसन्त

सत्येन्द्र कुमार रघुवंशी

अपने चेहरे पर
टूटकर गिरे इस पत्ते का
मैं क्या करूँ
इस पेड़ को लौटा दूँ या सटा दूँ
किसी बछड़े के थूथन से
या पहूँचा दूँ पिंजड़े में बन्द
किसी तोते के पास
चढ़ गया है जिसकी पसन्द का गाछ
इतिहास के किसी कोने में
यह पत्ता हारिल के रंग से बना है
या पृथ्वी के सारे हीरामन
पत्तों के रंग रंगकर ही
आये हैं अंडों से बाहर
इसकी शिराएँ
मेरी हथेली में प्रवेश कर रही हैं
जैसे मेरी हथेली में नमी है
इससे भी ढुलकी होगी कभी
रुक रुककर ओस
क्या इसके टूटने से
कम नहीं हो गये हैं पेड़ के पास
बलिश्त पर वसन्त पत्ते पर हवा।

‘ब’ से बकरी

रविकान्त

मैंने बचपन में पढ़ा
‘ब’ से बकरी
‘ब’ से बरगद।
‘ब’ से बकरी
जिसे शाम को खेत में
चराना और लौटकर
थन से लगाकर दूध पीना
फिर प्राइमरी स्कूल में अव्वल आना
ब से बरगद
जिसकी छाँव में बैठकर
कौए गिलहरी
नेवले गौरैया
की हँसी ठिठोली और
निरन्तर गतिशीलता से सीखा
जीवन का फलसफा।
अब कोई बच्चा
नहीं जानता बकरी और बरगद।
उसने तो सीखा है
‘ब’ से बन्दूक़
और जाना है
‘ब’ से बाज़ार।

बाघ रेखा

पद्मगुप्त अमिताभ

पिछले दिनों कोटद्वार में
भीड़ ने तेल डालकर
ज़िन्दा जला दिया एक तेंदुआ
पिंजरे में बन्द था
आरक्षित
जंगल की सुरक्षा से वंचित
फिर समाचार आया
गिने हैं सुन्दर वन के बाघ
आधे रह गये,
जो नहीं रहे,
सिमटते जंगलों में लुप्त हो गये
फिर भी सब ख़ुश हैं,
कहते हैं, कुछ तो बढ़े हैं बाघ
घोषित होते हैं नित नये शरण्य
फिर भी जारी है बाघों का मरना
सबसे सुरक्षित जिस कार्बेट में
सोलह मास में उन्नीस
और सारिस्का में सारे के सारे।

यह विकास दर नहीं
जहाँ पसरता है झोंपड़ियों का दलदल
उठती जाती हैं अट्टालिकाएँ
बस थामे रखनी है बाघ रेखा
वनवासी और बाघों को
रहने दो अपने जंगल में
हमें नहीं देखने हैं
केवल किताबों में बाघ

बिरसा मुंडा की याद में

हरिराम मीणा

अभी–अभी
सुन्न हुई उसकी देह से
बिजली की लपलपाती कौंध निकली
जेल की दीवार लाँघती
तीर की तरह जंगलों में पहुंची
एक–एक दरख़्त, बेल, झुरमुट
पहाड़, नदी, झरना
वन, प्राणी–पखेरू, कीट, सरीसृप
खेत–खलिहान, बस्ती
वहाँ की हवा, धूल, ज़मीन में समा गयी...
एक अनहद नाद गूँजा–
"मैं केवल देह नहीं
मैं जंगल का पुश्तैनी दावेदार हूँ
पुश्तों और उनके दावे मरते नहीं
मैं भी मर नहीं सकता
मुझे कोई भी
जंगलों से बेदख़ल नहीं कर सकता
उलगुलान!
उलगुलान!!
उलगुलान!!!"

जंगल की धरती की बायीं भुजा फड़की
हरे पत्तो में सरसराहट...
सूखों में सरसराहट...
फिर
मौन हो गया
कुछ देर के लिए सारा अंचल
खेलने–कूदने की उम्र में
लोगों का आबा बन गया था वह
दिकुओं के ख़िलाफ़
बाँस कीं तरह फूटा था धरती से
जैसे उसी पल गरजा हो आकाश
और
काँपे हों सिंहों के अयाल

नौ जून, सन्... उन्नीस सौ
सुबह नौ बजे–
वह राँची की आततायी जेल
जल्लादों का बर्बर खेल
अन्ततः...
बिरसा की शान्त देह!

"क्या किया जाये इसका?"
हैरान थे
दिकुओं के ताक़तवर नुमाइन्दे
जिन्दा रहा ख़तरनाक बनकर
मार दिया तो
और भी भयानक

अगर दफ़नाया तो धरती हिलेगी
जो जलाया—आँधी चलेगी

वह मुंडारी पहाड़ों सी काली काया
नसें, जैसे नीले पानी से लबालब ख़ामोश नदियाँ
उभरे पठार सी चौड़ी छाती
पथराई आँखें—
जैसे अभी—अभी दहकते अंगारों पर
भारी हिमखण्ड रख दिये हों
कुछ देर पहले ही तो हुई थी ख़ून की कै
जेल कोठरी के मनहूस फ़र्श पर
उसी के ताज़ा थक्के...
नहीं
थक्के न कहें,
वे लग रहे थे—
हाल ही कुचले पलाश के फूल
या
खौलते लावा की थोड़ी सी बानगी

चेहरे पर
मुरझाई खाल की सलवटों की जगह
उभर आया एक खिंचाव
जैसे,
रेशा—रेशा मोरचाबन्द हो
गिलोल की मानिन्द
धनुष की कमान सी तनी मांसपेशियाँ
रोम—रोम जैसे—
तरकस में सुरक्षित

असंख्य तीरों की नोक
गोया,
वह निस्पन्द बिरसा न होकर
आज़ाद होने के लिए कसमसाता
समूचा जंगल हो
उन्हें इन्तज़ार था
सूरज के डूब जाने का
दिन भर के उजास को
वे छुपाते रहे सुनसान अन्धी गुफ़ा में
जिसके दूसरे छोर पर गहरी खाई
वहीं उन्होंने
बिरसा मुंडा से निजात पायी

कहते हैं–
काले साँप को मारकर गाड़ देने से
ख़त्म नहीं हो जाती यह सम्भावना कि
पुरवाई चले और वह जी उठे
यदि ऐसा हो तो
परिपक्व जीवन को
धरती अपने गर्भ में नहीं रखती
बिरसा
उनके लिए
साँप से ख़तरनाक था
वह दिकूभक्षी शेर था
और
वह भी अभी जवान
इसलिए उसे दफ़नाया नहीं
जलाया था रात के लिहाफ़ में छुपाकर

यह जानते हुए भी कि
दुनिया में ऐसी कोई आग नहीं जो
दूसरी आग को जलाकर राख कर दे

रात के बोझिल सन्नाटे ने स्वयं को कोसा
आकाश के सजग पहरेदारों की आँखें सुर्ख हुई
हवा ने दौड़कर–
मुंडारी अंचल की हिम्मत बँधाई...
उन्होंने
आदमी समझकर बिरसा को मार दिया
मगर बिरसा आदमी से बढ़कर था
वह 'आभा'
वह 'भगवान'
वह जंगल का दावेदार...

उसकी आवाज़
अब भी जंगलों में गूँजती है–
"मैं केवल देह नहीं
मैं जंगल का पुश्तैनी दावेदार हूँ
पुश्तें और उसके दावे मरते नहीं
मैं भी मर नहीं सकता
मुझे कोई भी
जंगलों से बेदख़ल नहीं कर सकता
उलगुलान!
उलगुलान!!
उलगुलान!!!"

बीज मन्त्र

राधेश्याम तिवारी

एक विराट वृक्ष की
क्षमता लिए
समय पाकर
दबा हुआ बीज
धरती से जूझकर
अन्ततः निकल ही आया बाहर
वह जितना बाहर निकल रहा है
उतना ही भीतर तक जाता है
बाहर निकलकर
धरती से उसका जुड़ाव
कम नहीं होता
वह धरती को पकड़ता है
जैसे प्रेमी पकड़ते हैं
प्रेमिका का हाथ
जब तक है
धरती के साथ
फैलता ही चला जा रहा है
जुड़कर लड़ना
और लड़कर जुड़ना
यही है इसका
बीज मन्त्र।

बुद्धि का लाइसेंस

दिनेश कुमार शुक्ल

ज्ञान आपका है
विज्ञान आपका है
ख़ुदा आपका है
शैतान आपका है

दुनिया की सारी रिसर्च का ख़र्च
चूँकि आपने उठाया है
उदय और अस्त होगा
सूर्य अब आपसे ही पूछकर

आपके इशारे पर
ही बहेगी हवा
बिना दवा हमारी आबादी
ख़ुद ही नियोजित हो जायेगी

आपकी अनुमति से ही
आयेंगे सुख के बौर
आपकी सहमति से ही
उठेगी आँधी दुख की

और इस दौर में
बिना आप से लाइसेंस लिये
काम नहीं करेगी किसी की बुद्धि
बुद्धि भी एक अस्लहा है
बन्दूक़ की तरह

घूमेंगे अशौच दशा में
नीम की दातून किये बिना लोग
लड़कियाँ कुँवारी रह जायेंगी
नहीं चढ़ेंगी हल्दी, क्योंकि अब

नीम और हल्दी का पेटेंट भी
आप ही के नाम है

आप ही की सुबह है
आप ही की शाम है।

बेचो-बेचो-बेचो...

विष्णु नागर

बेचो–बेचो–बेचो
जो न बिकता हो
उसे धोखे से बेचो
सड़े हुए को इत्र में लपेटकर बेचो
जो पुराने पैक में न बिकता हो
उसे नये पैक में नयी हीरोइन की सिफ़ारिश के साथ बेचो
जो पुराने नाम से न बिक रहा हो
उसे नये नाम से बेचो
मांस भी बेचो चमड़ी भी बेचो
कमी रह जाये तो हड्डियाँ भी बेचो
दिल पहले बिक चुका हो
तो दिमाग़ भी बेचो
आग बिक चुकी है
तो नमी को क्यों सँभालकर रखे हुए हो

बादल जब बेच दिये
तो आकाश बेचने में देरी क्यों
मुस्कुराहट बेचते–बेचते थक झुके हो
तो क्रोध बेचो, मजबूरी बेचो

पाखण्ड अकेला क्यों बेचा
धर्म के साथ बेचते तो माल ज़्यादा काट सकते थे
क्रान्ति कोई नहीं ख़रीद रहा है
तो उसे भगतसिंह के नाम पर अब भी बेच सकते हो
वरना चे ग्वेवारा का नाम तो है ही
ख़रीदार मिले
तो बूढ़ी माँ को भी बेचो
विचार बिक चुके हों
तो कल्पना को बेचने से मत रुको पगले
एकान्त न बिक रहा हो
तो एकाध चीज़ घड़े में बेच दो
गोदाम ख़ाली करो
उसमें नया माल रखो
सेल में बेचो
धकापेल में बेचो
जो पटरी पर बिक सकता हो
उसे वहाँ और जो
मॉल में बिक सकता हो
उसे वहाँ बेचो
जो यहाँ बिक रहा है
उसे वहाँ भी बेचकर देखो

भूख भी बेचो
प्यास भी बेचो
ब्रा बेचते हो
तो पैंटी भी बेचो
उसमें जो छिपाया जाता है

अरे शर्माओ मत उसे भी बेचो
पसीने की गन्ध बिक चुकी हो
तो पाखाने की दुर्गन्ध बेचो

जो जागते वक़्त न बिकता हो
उसे दूसरे की नींद में बेचो, उसके सपने में बेचो
जो खिलखिलाने से न बिकता हो
उसे रिरियाकर बेचो
जो नंगापन दिखाकर न बिकता हो
उसे सात कपड़ों में लपेटकर बेचो
ख़ुशी बेच दी हो
तो दुख भी तो बेचो
आत्मा न बिक रही हो
तो शरीर का रोम–रोम ही बेच दो

कोई ख़रीदार न मिले
तो सीने पर बन्दूक़ रखकर बेचो
बहरहाल ख़रीदो और बेचो
लूटो और बेचो
घर जब तक बाज़ार न बन जाये
तब तक तो बेचो
सारी नदियाँ जब बिक चुकी हैं
तो समुद्र किसलिए बचाकर रखे हैं
उन्हें भी बेचो

देश बिक चुका हो
तो पड़ोस पर रहम क्यों करो

मरने से पहले
अपनी कब्र तो बेचो
और अब तक न मर चुके हो
तो आज मरो, अभी मरो
आख़िरी साँस भी बिक जायेगी
इसका इन्तज़ार अब मत करो
दो मिनट का मौन तक हम बेच देंगे
इतने कमीना भी हमें मत समझो।

बेटी का हाथ

आशीष त्रिपाठी

(1)

तुम्हारा हाथ पकड़ना
जैसे बेला के फूलों को लेना हाथों में
जैसे दुनिया की सबसे छोटी नदी को महसूसना क़रीब
जैसे छोटी बहर की ग़ज़ल का पास से गुज़रना

जैसे सबसे भोले सवालों को बैठना सुलझाने
जैसे बचपन में छूट गयी
अपनी सबसे प्यारी गुड़िया से फिर मिलना

जैसे फिर से गाना
अपने छुटपन के अल्लम–गल्लम गीत

जैसे कंचों के खेल की उमर में
लौटना फिर

जैसे आत्मा के सबसे प्यारे टुकड़े को छूना

(2)

तुम्हारा हाथ पकड़कर
दुआ करता हूँ उड़ना सीखते पाखियों के लिए
उन्हें घोंसलों में छोड़कर
दाना बीनने गयी उनकी माँओं के लिए
काम पर गये
या भीख माँगते बच्चों के लिए

दुनिया से विदा लेती वनस्पतियों
और बोलियों के लिए

गिलहरियों के लिए टकोरियों
मिट्ठुओं के लिए मीठे आमों
मछलियों के लिए जल
धरती के लिए बीजों
की दुआ करता हूँ

नदियों के लिए जल की धार
धरती के लिए हरियाली
आसमाँ के लिए सतरंगी इन्द्रधनुष
पर्वतों के लिए मेघों के साथ

दुनिया भर की औरतों के लिए
साँस भर अवकाश
और अकुलाई आत्माओं के लिए
सबसे मीठी धुनों की
दुआ करता हूँ

दुआ करता हूँ
और कहता हूँ, आमीन!

(3)

तुम्हारा हाथ पकड़कर
इच्छा जागती है
पृथ्वी को गेंद की तरह देखने की

फिर मैं तुम्हारी उँगली पकड़
दिखाना चाहता हूँ सारी दाग़दार हवेलियाँ
जिनमें रची जाती हैं अम्लीय बारिश की तकनीकें

जहाँ एक बच्चे का भविष्य रचने ख़ातिर
लाखों लोरियों की ज़बान कर दी जाती है बन्द
एक उड़ान के लिए
काट लिए जाते हैं अनगिनत परिन्दों के पर

जहाँ अनगिनत खेल बच्चों के
रूठे रहते हैं बच्चों से
बच्चों की पोथियों में सब कुछ होता है
सिवा उनके बचपन के

जहाँ बच्चों से ज़्यादा प्यारी लगती हैं
बच्चों की तस्वीरें
जहाँ बच्चों से ज़्यादा अपने हैं
रंग, जात, धर्म, कुल

फिर मैं तुम्हें सुनाना चाहता हूँ
धूल में भरे
ठुमक–ठुमक चलते
चाँद पकड़ने की ज़िद करते
ईश्वर के बचपने के गीत

मेरी बच्ची
मैं तुम्हारे बचपन की पूरी उम्र
की कामना करते हुए
तुम्हारे सब संगवारियों के बीच
तुम्हें छोड़ आना चाहता हूँ।

भाषा की मौत

कृष्ण कुमार त्रिवेदी

दूसरी तमाम वस्तुओं की तरह
भाषाएँ भी मरती हैं
धीर–धीरे
पर
ज़रूरी नहीं है कि बूढ़ी होकर ही,
जब
उनके शब्द
अर्थ देने की शक्ति खोकर
अटपटे लगने लगते हैं।
जब
हार जाती हैं वे
रोटी की लड़ाई,
जब
मुँह फेर लेते हैं
उनके अपने ही
जैसे मुँह फेर लेते हैं
उनके अपने ही
जैसे मुँह फेर लेते हैं वे
अपने
प्रयोजन खो चुके
बुजुर्गों से!

भीमसेन जोशी प्रसंग : (1984)

उदय प्रकाश

उस अमर नींद के काले माथे पर रखो
बहुत सँभालकर
अपने संगीत के नये मुलायम, उजले पंख
जिस नींद के सपनों में है
मिथाइल आयसोसायनेट के नशे का गहरा नीला अँधेरा

उस नींद तक नहीं पहुँचता कोई भी संगीत
वहाँ उड़ते हैं सिर्फ़ हवा के हलके रजत घोड़ों के सफ़ेद अयाल

भीमसेन जोशी,
गाओ हम जीवित लोगों के लिए

हमारे शरीर में भी हैं
तीसरी दुनिया के वे थके हुए पसीने से सराबोर
बीमार फेफड़े,
जिनके भीतर खुल गयी हैं
पता नहीं कितनी ज़हरीली पाइप लाइनें

भोपाल के उन पाँच हज़ार लोगों के
फेफड़ों में भी थीं साँसें
जो बन सकती थीं किसी भी सुन्दर संगीत का आलाप
या बाँसुरी में राग बागश्री
गाओ, अपनी नींद में मिट्टी होकर
सोते ही रह गये बच्चों के लिए
कोई उप–शास्त्रीय लोरी

जो नहीं देख पायेंगे इक्कीसवीं शताब्दी में जाते
इस देश को
जो नहीं देख पायेंगे दूरदर्शन का रंगीन होना,
1992 का ओलिंपिक,
जिन्हें कोई बारबा पापा या लूसी हँसा नहीं पायेगी

धन्यवाद मिस्टर फोर्ड,
कि आपने खोल दिया है हमारे लिए
एक कविता पुस्तकालय
और बजवाते हैं सितार

भीमसेन जोशी,
तुम्हारे कण्ठ का संगीत है फ़क़त हमारा समय
तुम्हारा संगीत समय की सबसे सुन्दर कविता है

गाओ
पन्द्रह हज़ार विकलांग और अन्धे और बीमार लोगों की
जीने की करुण और दरिद्र इच्छा के स्वागत में
गाओ,
गर्भ में ही मृत शिशुओं के मार डाले गये भविष्य के शोक में

गाओ,
ज़हरीले कारख़ानों, परमाणु अस्त्रों और नक्षत्र युद्धों
के ख़िलाफ़
गाओ,
कि होना चाहिए अन्तरिक्ष में
और पर्यावरण में
सिर्फ़ ऑक्सीजन और संगीत
गाओ,
एक बार फिर कई हज़ार साल बाद
वाल्मीकि की तरह
कि फिर हुआ है वध
कि फिर किया गया है आखेट

भीमसेन जोशी, गाओ,
कि आज भी कविता और संगीत की
सबसे ज़रूरी धातु है
करुणा और क्रोध।

महावट सी बरसात कहाँ है

नरेश दाधीच

महावट की बरसात कहाँ है
शरद पूनम की रात कहाँ है।
भरी दोपहरी में सो जाऊँ,
ऐसे तो हालात कहाँ हैं।
प्रियतम पर एक ग़ज़ल बनाऊँ,
ऐसे तो जज़्बात कहाँ हैं।
जो सीधे हियड़े में उतरे,
ऐसी तो बारात कहाँ है।
जो मुझको यम से ले आये,
ऐसा कोई साथ कहाँ है।
जो सबके दिल में बस जाये
ऐसी कोई बात कहाँ है।
जो केवल देना ही जाने,
ऐसा कोई हाथ कहाँ है।।

मिट्टी की गन्ध

रामकुमार आत्रेय

जब भी मैं गाँव को छोड़कर
शहर चले जाने के लिए तैयार होता हूँ
तो गाँव की स्नेहिल मिट्टी
चिपक जाती है मेरे हाथों से
मेरे पाँवों से
ठीक वैसे ही जैसे कि चिपक जाती थी
मेरी अपनी बिटिया जब वह छोटी थी
जब भी मैं
घर से बाहर निकलने को तैयार होता
जाने कैसे उसे पता चल जाता
कि मैं जा रहा हूँ कहीं

मैं बार–बार झटक कर
अपने से दूर करता हूँ मिट्टी को
पानी से धोता हूँ बार–बार
हाथ–पाँवों को
साबुन की टिकिया भी घिस लेता हूँ
पर बेटी ने कभी मुझे छोड़ा हो तो
मिट्टी भी मुझे छोड़ देती।

आज भी मुझे याद है
कि जब मैं बेटी को झिड़क कर
परे धकेलते हुए
घर से बाहर निकल जाता था
तो उसकी भीगी आँखों से चिपकी होती थी
मेरी पीठ पर उसे भिगोती हुई
उसकी अबोध मुस्कुराहट से झरती ख़ुशबू
मुझे खींचती रहती क़दम–क़दम पर वापस
मेरी उँगली पकड़कर।

साबुन से बार–बार धोने के बावजूद
मेरे हाथ–पाँवों से आती रहती है
मिट्टी की सोंधी गन्ध
वह गन्ध बचपन में पिए
माँ की छाती से निकले दूध की–सी गन्ध है
मैं उसे छोड़ूँ भी तो कैसे छोड़ूँ
जिसे तथाकथित आधुनिक लोग
बदबू समझकर नाक भौं सिकोड़ते हैं!

मिल-जुलकर

मनोहर बिल्लौरे

मिल–जुलकर
किये जा रहे हैं
बहुत सारे काम

नदियों, झीलों, तालाबों में
बहाये जा रहे हैं अपशिष्ट,
काटे जा रहे हैं जंगल,
उड़ाया जा रहा है धुआँ...

विकास के नाम पर
बंजर की जा रही हैं ज़मीनें
सक्रिय है खनन माफ़िया,
बेरहमी से लूटे जा रहे हैं
धरती के मूल्यवान खनिज
और अधिक की चाह में
भरे जा रहे हैं अपने घर...

मिल–जुलकर
किये जा रहे हैं
बहुत सारे काम

किये जा रहे हैं
छोटे–बड़े घपले–काण्ड
दबंग निडरता के साथ

जघन्य हत्यारों की तक
किया जा रहा है महिमा–मन्डित
सार्वजनिक मंचों पर हो रहे हैं,
सम्मानित गुण्डे, लुटेरे, बदमाश–
मिल–जुलकर
किये जा रहे हैं
बहुत सारे काम

विकास के नाम पर
छीना जा रहा है किसानों से
उनका हक, घर–बार, ज़मीन
कार्य–संस्कृति, उनके रिश्ते

जल–जंगल–ज़मीन, हवा, पानी
प्रकाश को बेचने, पाने उन पर,
आधिपत्य राजधानियों में हो रहे,
गहन और गहरे विचार–विमर्श...

मिल–जुलकर
किये जा रहे हैं
बहुत सारे काम

मिल–जुलकर नहीं रहेगा जो
तंज़ कसे जायेंगे बनाया जायेगा
उसका मज़ाक साज़िशों का
फोड़ देगा भाँडा, जो मारा जायेगा
किसी प्रायोजित दुर्घटना में बेमौत

मिल–जुलकर नहीं रहेगा जो
डूब सकता है अवसाद के गहरे
अँधेरे कुएँ में रिसती रहती है

जहाँ ज़हरीली गैस धीमे–धीमे
घुट जहाँ, घुटकर मरता है–
आदमी भीतर ही भीतर

डस सकते हैं नाग–नाथ ,
अचानक निगल सकता है
व्यवस्था का अजदहा उसे,
सजग होने के पहले ही
हो सकती है बन्द
उनके दिल की धड़कन

मिल–जुलकर नहीं रहता जो,
पानसरे दम्पती की तरह बनता है निशाना,
मार दिया जाता है दाबोलकर की तरह,
सरेआम बीच चौराहे पर,
दिन के उजाले में

पाश को उड़ा दिया गया,
मान–बहादुर सिंह की हत्या हुई जैसे
मार दिये गये सफ़दर हाशमी
गोरख पाण्डे ने की आत्महत्या जैसे
इस निज़ाम में कहीं सुरक्षित नहीं
कोई भी, मर सकता है कभी भी,
उन वजहों से जिनके नहीं मिलते
पुख्ता सबूत व्यवस्था में न्याय
जिसके लिए कोई सज़ा नहीं,
जिसके लिए कोई सज़ा नहीं।

मिल–जुलकर चलते हैं जो
हवा के रुख़ की ओर किये रहते हैं
अपनी पीठ कन्धों पर लादे
ढ़ोते रहते हैं ख़ुद अपना ही बोझ

गढ़ लेते हैं अपने पक्ष में अच्छे खासे
तर्क किसी झंझट में नहीं पड़ते हैं
बजा सकता है उन्हें कोई भी
मन्दिर में टँगे घण्टे की तरह

कि बजने वाले घण्टे बने रहें
बढ़ते रहें और होते रहें इकट्ठे
उपस्थिति हो सभा सम्मेलनों में

आरतियों और रैलियों, महाआरतियों में
ताकि फूँके जा सकें
उनके कानों में कुछ नये मन्त्र,

जहाँ जैसी हो ज़रूरत
भेष बदल लेते हैं भेड़िये और
पाते ही मौक़ा खींच ले जाते हैं
भीड़ से अपना शिकार,
अपने जंगल की ओर

मिल–जुलकर
किये जा रहे हैं
बहुत सारे काम

और होने जाने चाहिए
जो ज़रूरी और सार्थक काम
नहीं होने दिये जा रहे,
मिल–जुलकर।

मुझे बचाना है

विनोद कुमार शुक्ल

मुझे बचाना है
एक–एक कर
अपनी प्यारी दुनिया को
बुरे लोगों की नज़र है
इसे ख़त्म कर देने को।

सबसे पहले
घर के सामने के
नीम की शाखा तोड़
मैंने मारा नीम को
भाग यहाँ से पेड़
दूर भाग जा।
घर को पीटा
दीवालों दरवाज़ों को
उसी नीम की शाखा से
भाग! भाग! यहाँ से घर।

कोई मुझे करे बेदखल
मेरे घर मेरी दुनिया से
फिर अपने को बचाने

जाने कितना समय लगे
भाग यहाँ से घर।
भाग! भाग! मेरी दुनिया सबकी दुनिया
बहुत दूर किसी और जगह
बची रह जाकर।

मैं यहीं रहूँगा
लड़ता भिड़ता
कोई दूसरा लोक नहीं
नहीं परलोक
मरकर या
बचकर मैं अपनी ही दुनिया में जाऊँगा
जो करती होगी इन्तज़ार मेरे बचने का।

मेरा गाँव भी सीख जायेगा

विनय दुबे

मेरे गाँव में भी अब
पहुँचने लगे हैं अफ़सर
और रहने लगे हैं

मेरा गाँव भी अब सीख जायेगा
किसी से बोलना
न बोलना किसी से
किसी को देखकर न देखना
देखने के लिए बुलाना

मेरा गाँव भी अब सीख जायेगा
चिट भेजना, खिलाना–पिलाना
रिरियाना, घिघियाना
बोलना अर्ज़ी की भाषा में

मेरे गाँव में भी अब
रहने लगे हैं अफ़सर
मेरा गाँव भी अब सीख जायेगा

मेरी कमज़ोर सी आवाज़

पंकज सिंह

बार–बार किसी पुराने सूने रास्ते पर लौटते हुए
ज़्यादा कुछ न कर पाते हुए
बेबसियों के बावजूद औरों के साथ–साथ
ख़ुद को भी यक़ीन दिलाया कि
बहुत कुछ कर सकता हूँ अपनी तरह

मैंने इस धरती को प्यार किया
जाले साफ़ करते हुए
मैंने बच्चों से प्यार किया
अँधेरों में बार–बार गिरते–उठते हुए
मैंने प्यार को प्यार किया
ऋतुओं को उनके जब–तब के गुस्से के साथ
नदियों के आते–जाते रंगों को
चिड़ियों को बादलों को समुद्रों को
चाँद–रातों को
स्मृति में गड़ी आवाज़ों को
पहाड़ों को उनकी चुप को धीरज को
हवा की सरगोशियों को प्यार किया

फ़सलों को सच को फूलों को
अन्धकार में छिपी राहत की उम्मीदों को
उजाला बटोरते हुए आत्मा का
सारा रक्त न्योछावर करते हुए प्यार किया
प्यार किया प्यार किया

बचे–कुचे भरोसे को इसी तरह बचाया कि
मेरी कमज़ोर सी आवाज़ बहुत बाद में
देर तक सुनाई देगी

मैं गाँव से जा रहा हूँ

निलय उपाध्याय

मैं गाँव से जा रहा हूँ
कुछ चीज़ें लेकर जा रहा हूँ
कुछ चीज़ें छोड़कर जा रहा हूँ

मैं गाँव से जा रहा हूँ
किसी सूतक का वस्त्र पहने
पाँच पोर की लग्गी काँख में दबाये

मैं गाँव से जा रहा हूँ
अपना युद्ध हार चुका हूँ मैं
विजेता से पनाह माँगने जा रहा हूँ

मैं गाँव से जा रहा हूँ
खेत चुप हैं
हवा ख़ामोश, धरती से आसमान तक
तना है मौन, मौन के भीतर हाँक लगा रहे हैं
मेरे पुरखे... मेरे पित्तर, उन्हें मिल गयी है
मेरी पराजय, मेरे जाने की ख़बर

मुझे याद रखना
मैं गाँव से जा रहा हूँ।

मैं चाहती हूँ कि शब्द उगाऊँ

रति सक्सेना

मैं चाहती हूँ कि शब्द उगाऊँ
फलों की तरह नहीं
सब्ज़ी की तरह भी नहीं
फुलवारी की तरह भी नहीं
जंगल की तरह
कुछ लम्बे, कुछ टेढ़े
कुछ तिरछे, कुछ बाँके
कमज़ोर, मज़बूत
शब्द खड़े हों, दरख़्तों की तरह
फैलें घास की तरह
चढ़ें लताओं की तरह
खिले फुलों की तरह
पकें फलों की तरह
मैं
चिड़िया, पीली, चोंचवोली
उड़ूँ...फुदकूँ
गाऊँ... नाचूँ
जब तक मैं खुद
बन जाऊँ
शब्द
ना कि जंगल

यह पृथ्वी क्या केवल तुम्हारी है

ज्ञानेन्द्रपति

एक शक्तिशाली राष्ट्र के सिरमौर
तुम्हारी उल्लसित कल्पनाओं में
पृथ्वी तुम्हारी उँगलियों पर नाचता क्रीड़ाकन्दुक
—ठीक वैसा जैसा 'दि ग्रेट डिक्टेटर' में
चैप्लिन ने दिखाया था

तुम उसे राष्ट्र की शक्ति—साधना कहते हो
जब परमाणु बम के भूमिगत परीक्षण से फिर—फिर
थर्राते हो पृथ्वी की मिट्टी—देह
पयस्वती पृथ्वी के मर्मस्थल में
मारकर घूँसा
विश्व—मानव—समुदाय में अपनी वज्रमुट्ठी लहराते हो
नृशंस विजेता की बर्बर मुद्रा में
निरस्त्रीकरण—वार्ताओं के दौरान कैमरों के योग्य
चकाचौंधी उजाले में
सभ्य—सौम्य—निष्पाप दिखते भी हर बार

लेकिन मैं जानता हूँ
पाषाण युग से भी पीछे
हैं वे पाषाण—हृदय, जो

अत्याधुनिकों में अग्रगामी गिनते हैं ख़ुद को
उनको मानव होना शेष अभी

मैं तुम्हीं से पूछता हूँ
एक शक्तिशाली राष्ट्र के सिरमौर
दूसरे मुल्कों में मानवाधिकारों के उल्लंघन से
आहत मुखमण्डल के गिर्द लिये,
सुदृश्य प्रभामण्डल
समुत्सारणबद्धपर्यन्तमण्डल में बैठे तुम
मैं फटक भी नहीं सकता जिसके क़रीब
वहीं से
अपने सचिव के कान की मार्फ़त
गुप्तचर संस्था के प्रधान की मार्फ़त
पूछते हो तुम
मैं कौन, पूछनेवाला तुमसे कुछ भी
मैं कौन, पृथ्वी के बारे में करनेवाला कोई सवाल
मेरी क्या हैसियत
मैं किस खेत की मूली
वैसे भी, जब खेतों पर मालिकाना तुम्हारा
तुम्हारे या भाई–गोतियों के खतियान में
दर्ज़ सब जो दर्ज किये जाने योग्य है
जोत–कोड़ किसी की, हक–हुकूक तुम्हारे!
शोषकों–शासकों का कुनबा देश–भेद नाम–
भेद के बावजूद एक!

मैं कहता हूँ
चक्रवर्ती के चक्के के नीचे आने को तैयार
मैं एक कवि

पृथ्वी–सूक्त के रचयिता का वंशज
'मा ते मर्म विमृग्वरि
मा ते हृदयमर्पिपम'
नहीं तुम्हारा मर्म कँपाऊँ, नहीं तुम्हारा हृदय
दुखाऊँ–गानेवाले कवि का वंशज
वंशज कन्द–मूल खनन के लिए पृथ्वी से क्षमा
माँगनेवाले कवि का
पृथ्वी पर चलकर, उसे रौंदने के लिए
क्षमा माँगनेवाले विनतमाथ कवि का उन्नतभाल वंशज!

मैं पूछता हूँ
यह पृथ्वी क्या केवल तुम्हारी है?

क्या तुम्हें
एक केंचुए के पास जाकर
पृथ्वी को उर्वर करने में तल्लीन केंचुए के पास
नहीं पूछना चाहिए
पृथ्वी के बारे में कोई भी अहम फैसला लेने से पहले!

कौन जाने, पृथ्वी के भविष्य को ले, तुमसे ज़्यादा
चिन्तित रहती हों चींटियाँ!

मेरी हैसियत एक केंचुए की हो
चींटी की तरह कुचल दी जाने की
औकात ही हो मेरी तुम्हारे निकट
मेरा मानवाधिकार तुम्हारे दानवाधिकार के आगे नाचीज़!

मैं तुम्हारे लिए खेत की मूली ही सही
चलो, तुम्हारे ही खेत की–और लो, सचमुच की–
इस पृथ्वी पर मेरा अधिकार
तुमसे कम तो नहीं
पृथ्वी के अँधेरे में जागा हुआ जीवन
पृथ्वी के बारे में क्या तुमसे कुछ कम जानता है
कि उसकी राय न जानी जाये
पृथ्वी का भविष्य तय करते वक़्त!
एक शक्तिशाली राष्ट्र के सिरमौर!
(अपने ज्वलनशील अहं से
परमाणु बमों के विस्फोटक लाल बटनवाले काले ब्रीफकेस को
बस उतनी दूर लिये
जितनी अपनी बीड़ी से पिटरोल
पिटरोल टैंकर का पियेला ड्राइवर!)

यहाँ थी वह नदी

मंगलेश डबराल

जल्दी से वह पहुँचना चाहती थी
उस जगह जहाँ एक आदमी
उसके पानी में नहाने जा रहा था
एक नाव
लोगों का इन्तज़ार कर रही थी
और पक्षियों की क़तार
आ रही थी पानी की खोज में

बचपन की उस नदी में
हम अपने चेहरे देखते थे हिलते हुए
उसके किनारे थे हमारे घर
हमेशा उफ़नती
अपने तटों और पत्थरों को प्यार करती
उस नदी से शुरू होते थे दिन
उसकी आवाज़
तमाम खिड़कियों पर सुनाई देती थी
लहरें दरवाज़ों को थपथपाती थीं
बुलाती हुईं लगातार

हमें याद है
यहाँ थी वह नदी इसी रेत में
जहाँ हमारे चेहरे हिलते थे
यहाँ थी वह नाव इन्तज़ार करती हुई

अब वहाँ कुछ नहीं है
सिर्फ़ रात को जब लोग नींद में होते हैं
कभी–कभी एक आवाज़ सुनाई देती है रेत से

युद्ध के माने बताओ

शंभु बादल

युद्ध के माने बताओ
हिरोशिमा और नागासाकी
बगदाद और बसरा
अफ़ग़ानिस्तान और पाक के लोगो!
मरुभूमि–तूफ़ान से टकराते
वनों की आँधियों के बीच
साँस लेते लोगो!
युद्ध के माने बताओ!
तानाशाह
उन्मादी शासकों को
टुकड़खोरों को
तेल में ख़ून घोलनेवालों को
हथियारों के प्रयोग
विनाश पर चमकती व्यापारी आँखों को
दादागिरी की लम्बी भुजाओं को
युद्ध के माने बताओ।
मलबे के नीचे ढेर हुए
माँ के आँचल में सोते शिशु
कलाकार–युवक–बूढ़े–बीमार

युद्ध के माने बताओ।
गोद में क्रीड़ारत
जीवों की तड़पन पर
आग लहरों पर
चीखती समुद्री लहरो!
युद्ध के माने बताओ।
कट्टर राजनीति और
तटस्थता की आँच पर
रोटी सेंकनेवालो!
मधुर विषैले जाज में
तड़पते लोगों के लिए
तुम्हारी लफ़्फ़ाजी?!
दुनिया के तमाम लोगो!
आँसू और आकाश लिये
सख़्ती से आगे जाओगे?
युद्ध रोक
सदी के बड़े अपराधियों को
सज़ा दोगे।?

रेत की नदी

सर्वेश्वरदयाल सक्सेना

रेत की नदी एक
मिली मुझे राह में।
मैंने थोड़ा कुरेदा
आँखें छलछला आयीं।

बोली : 'अतीत
छिपा है मेरे भीतर,
जल है पर वह
भूला है लहराना,
वर्तमान मेरा अब तो
अनवरत दाह है
नाव लेकर
मेरे पास मत आना।'

दौड़ गया मैं
इस पार से उस पार
उस पार से इस पार
पर जाने क्यों
भाव पराजय का बना रहा।
लहरें यों तो रेत की भी यों

सहती भी थीं हवा की मार
पर वे गतिहीना थीं
लड़ना नहीं जानती थीं
सभी कुछ जैसा था
उन्हें था स्वीकार।
मैंने कहाः अन्तःसलिला होना यह तुम्हारा
मुझे तो केवल देता है अन्तर्दाह।
अर्थहीन लगती है अपनी यह राह।
सो गयी हों जहाँ
उद्दम प्रखर धार
वहाँ मेरा प्यार
जीतकर भी रहा हार।'

चुर थी वह
चुप था मैं।

चाँदनी आयी
वह उमड़ी नहीं,
धूप तपी
वह सिकुड़ी नहीं,
देखती रही अपने तन पर
नाचते बवण्डर
अवसाद भरता रहा
मेरी खुली बाँह में।

रेत की नदी एक मिली मुझे राह में।
समय बीतता गया
रेत बढ़ती गयी

दब गया जाल
दब गया तैर कर
पार जाने का ख़्याल
चिह्न भी तट के धीरे–धीरे खो गये
जल के और थल के भाव एक हो गये।

रेत हुई आकांक्षा
रेत हो गया मैं भी
राह, राह नहीं रही
मिलना भी नहीं रहा मिलना।

कितनी बड़ी कथा
समा गयी एक छोटी–सी आह में।
रेत की नदी एक
मिली थी मुझे राह में।

लुप्त प्रजाति की दुनिया

आशुतोष दुबे

एक पेड़ था
डूब गया जिसका बीज

उसकी डाल पर बैठती थी एक चिड़िया
जो अब किसी घोंसले में नहीं लौटती

एक जानवर था
जो उस पेड़ के तने से रगड़ता था अपनी खाल
कालपात्र में रखा है उसका जीवाश्म

एक मनुष्य था
जो सोता था दुपहरी में उस पेड़ के नीचे
उसकी जड़ों पर सिर रखकर
ख़ुदाई में मिलेंगी
उसकी पथराई हुई हड्डियाँ

एक पूरी दुनिया थी
उस पेड़ के आसपास

कहाँ मिलेगा उसका बीज!

लोगो समझो

सुशान्त सुप्रिय

हवा
किस भाषा में
बहती है
धूप
कौन–सी बोली
बोलती है
नदी
के पानी की
ज़बान क्या है
बादल
कौन–सी जाति
के होते हैं
सूरज
किस गोत्र
का क्या है
चाँद सितारे
किस धर्म
के हैं

इन्द्रधनुष
की नस्ल का
नाम क्या है
लोगो समझो
अब न समझे
कब समझोगे

वसन्त में बच्चे

कुमार सुरेश

अब नया चलन चला है जिसमें
फ़रवरी में ही परीक्षा हो
अगली कक्षा के लिए स्कूल
मार्च में खुलने लगे हैं
इसलिए जब गर्मियों की छुट्टियाँ होती हैं
बच्चों के पास यह मज़ा नहीं रहता कि
छुट्टियों के बाद जब खुलेगा स्कूल
वे अगली कक्षा में जायेंगे
वसन्त के मौसम में ही अगली कक्षा में बैठने लगते हैं
जो हालाँकि इस लिहाज़ से ठीक भी है कि
इसी मौसम में बहुत कुछ नया
पेड़ों और पक्षियों के साथ भी होता है

गर्मियों की शुरुआत की सुबह
नयी चुनौती के लिए तैयार हो रहे होते हैं
बच्चे पेड़ और आसमान
बच्चे कक्षा के भीतर जाते हुए
उतने ही ताज़े लगते हैं
जितने नयी पत्तियाँ पहने हुए पेड़
हालाँकि अभी छोटी ही होती हैं वे

इसलिए उन्हें पहन कर
निर्दोष नग्न ही दिखाई देते हैं

रेसिस में खेलते हुए बच्चे
उतने ही सावधान लगते हैं
जितने पक्षी
धूप से बच कर
तिनके इकट्ठा करते हुए
मासूम और ज़िम्मेदार
एक साथ दिखाई देते हैं

इस मौसम का यह भी मज़ा है दिलचस्प
ठण्ड विदा हो जाती है
इसलिए
धौल–धप्पा करने, गलबहियाँ डालने
एक–दूसरे को छूने बतियाने की स्वाभाविक सुविधा हो जाती है

दुनिया के बहुत से आश्चर्यजनक समाचार
इसी मौसम में जन्म लेते हैं
जिन्हें एक–दूसरे तक जल्दी पहुँचाना
बहुत ज़रूरी होता है
कहीं मधुमक्खी का छत्ता लगा हो
देखी गयी हो अलग रंग की
रोशनदान पर चढ़ कर देखा गया चिड़िया का अंडा
उड़ना सीखने की कोशिश करता नन्हा चिरौटा
फिर फूल भी तो इस मौसम में कितने ही रंग के
अजब ढंग के खिलते हैं

इनके बारे में बात करने के लिहाज से भी
यही मौसम सबसे अनुकूल होता है

छोटे क़स्बों में बदस्तूर
डाक–टिकट
माचिस की डिब्बियाँ
अनेक तरह की दिलचस्प दौलत
इकट्ठा करने का समय होता है यह
इस समय ठण्ड और गर्मी दोनों इतनी नहीं होती
कि बच्चों के बाहर निकलने पर ज़्यादा रोक–टोक की जाये

नयी किताबों पर नये कवर
क़ी तरह
बच्चों के सपनों पर भी नया रंग चढ़ता है
उड़ने वाली साइकिल और रंगीन रेलगाड़ी
देखने का समय यह
अक्सर बच्चों के पंख भी उग आते हैं

पहले के वसन्त से अलग आजकल
बच्चे परेशान भी देखे जाते हैं
हालाँकि इसमें माँ–बाप या शिक्षा मन्त्री की
किसी योजना का हाथ होता है
वसन्त के पास बच्चों को परेशान करने की
कोई योजना नहीं होती

वापस जाओ

सोमप्रभ

बिजलियों के खिंचे हुए तार
वापस ले जाओ
हमारे घरों तक आने से पहले ही
मुड़ जानेवाली सड़क
पीछे ले जाओ
हवा के गलियारों में
हमें नहीं चाहिए ज़हरीली चिमनियाँ
हमारी नदी तुम्हारे घर का
पिछवाड़ा नहीं
वहाँ हम आते जाते हैं
अपनी जीभ
अपनी आँख
ले जाओ वापस
लौटते पाँवों के निशान के साथ
हमें नहीं चाहिए
तुम्हारा राशन–पानी
हम मौसम के बारे में जानते हैं
हम मिट्टी के बारे में जानते हैं
हम हवा के बारे में जानते हैं

हम पानी के बारे में जानते हैं
हमें पुरखों की याद है
हल उन्होंने बनाये थे
नरकुलें उन्होंने
उगायी थीं
हम इनसे उगा लेंगे अन्न
हम इनसे बना लेंगे घर
और रास्ता
हम जानते हैं
अपनी बात कहना
हम न्याय करना जानते हैं
हम छोटी सी सही जैसे भी सही
अपनी दुनिया बचाने की
बनाने की
कोशिश करना चाहते हैं
हम फिर से बनायेंगे लिपियाँ
नयी भाषा
और उसमें बातें करेंगे।
तो बन्द करो बजाना बाजा
छोड़ना बन्द करो, ध्वनि तरंगें
बटोर लो तमाशा अभी
और वापस जाओ।

विकास का दर्द

रामदयाल मुंडा

बन गया हूँ गीदड़
रहा दौड़
शहर की ओर
मरने के पहले
या कि एक पेड़
विशाल शाल का
गिरा
जा रहा चीरा
बीच मशीन आरा
देश के लिए
कहते हैं
विकास के लिए

अब तो और जल्दी
यह काम होगा
विकास के विशेषज्ञ
दुनिया के विकसित देश
मेरे देश का साथ देंगे
ऋण में आकण्ठ
डूबे हैं तो क्या हुआ?

सूद वापसी के लिए भी
और ऋण लेंगे
"यावज्जिवेत सुखं जीवेत्
ऋणं कृत्वा घृतं पिवेत्"

मुझको विकास का
दर्द यह असह्य
देर तक सहना न होगा
समय से पहले ही मेरा
काम तमाम होगा?

वृक्ष मुस्कुराते हैं

सत्येन्द्र पाण्डेय

मैंने जब भी पेड़ों से
उनका हाल पूछा
वे मुस्कुरा दिये
फूलों को छुआ तो
चेहरा खिल उठा
नदियों से
उनका रंग पूछा तो
नदियाँ आँखों में उतर आयीं
चट्टानों का सहारा लिया तो
भर लिया उसने गोद में
जब भी टूटता हूँ
वृक्ष सँभालते हैं
उड़ता है रंग सपनों का तो
फूल रंग देते हैं
आँख भरते ही
नदियाँ खींच लेती हैं
मेरे आँसू
अपने कलेजे में
तभी तो बदलता रहता है

उनका रंग
तभी तो चट्टानें
दरकती रहती हैं
मैं पेड़–चट्टानों को, नदियों, पौधे
अपने भीतर भरकर
पूरा होना चाहता हूँ।

साथ पहाड़ों के

चन्द्रकान्त देवताले

हम बारह दोस्त पहाड़ों पर रहे
पहाड़ों के बीच
साथ पहाड़ों के रहे नौ दिन हम बारह दोस्त

नौ दिन हम रहे
अपने जन्म के समय से बाहर
हम मृत्यु के समय के परे रहे

सिर्फ़ हम बारह
और इतने पहाड़ एक से अनेक होते हुए।
देवदारुओं की रोमावलियों से रोमांचित पहाड़
अपनी देह के हिस्सों से
हम पर शीतल जलधार बरसाते रहे और
फूलों वनस्पतियों की गन्धों वाला
नौ दिन–रातों का एक कल्प
हमारी चेतना के रन्ध्रों में समाता रहा

उबलते हुए जलकुण्डों की
भाप में सिझाये हमने

भात की तरह
अपने शब्द

धुन्ध की जेब में डाले
हमने एक साथ बारह हाथ
और बादलों की घिसलपट्टी से फिसलकर आयी

गिरी छपाक से
शीतल जल कुण्ड में
हमारी सबकी इतनी सारी हँसी
हमारे चेहरे भीज गये
अपनी ही हँसी के छींटों से
और हमारी आँखों में
उमच आयी हिमालय की हरीतिमा
जैसे आँखें पैदा हुईं
धान के रोपों ही के बीच

व्यास, पार्वती, सतलुज को
हर रात भर अपनी नींद में
सुनते रहे
और बुनते रहे
जल–ध्वनियों के तानों–बानों से
सपनों में पहाड़ों के अकेलेपन का समाज

हमने फूलों से कुछ कहा
पहाड़ के दिल में गहरे बहती
नदी के होंठों से कुछ कहा

हमने अपने भीतर की स्मृतियों को
नशे में दहकाया
और आकाश छूते बर्फ़ के साथ
इस आग को मिलाकर
हमने अपने घरों को याद किया
बीवी बच्चों को पुकारा
और अपने अपने प्रेम के साथ
हमने अकेले देखे
पहाड़ों पर घाटियों में
दियाबत्ती की बिरिया टिमटिमाते घर
हमारे नथुनों तक आयी
भूख और इच्छा को जगाती
पकते भात की महक
अकेलेपन की पाल में रखी
आमों सी कच्ची नींद

और हम विनीत ढलानों पर लुढ़कते रहे
उद्धत चढ़ाई पर साँसें फुलाते रहे
हम पहाड़ों में ढूँढ़ते रहे एक पहाड़
नदियों में एक नदी
पत्थरों चट्टानों में एक पत्थर एक चट्टान
और इस तरह चढ़ते–उतरते
थकते–हाँफते–सुस्ताते
पहाड़ों के जीवन में हम खोदते रहे
अपनी शताब्दियों की स्मृति का पहाड़

और मासूम बच्चों
ऐदी मर्दों और कर्मठ औरतों में
हम ढूँढ़ते रहे झरने–बादल
टट्टू और एक नदी फिर भविष्य की आँखों
में झाँकते रहे ख़ामोश
पेड़ की कटी गर्दन की दहशत के साथ

पहाड़ से हम लाये अपने साथ कुतर कर थोड़ा– सा पहाड़
थोड़ा जंगल
अपने भीतर बर्फ़ का अदृश्य चन्द्रमा
अनन्त में उड़ती जिजीविषा की एक पतंग
भाफ़ का छोटा–सा फाहा
और पानी का कच्चा धागा
लेकर आये भात का स्वाद
एक नन्हें से देवदारु की आँख का चिमनी–भर उजाला

और कुबेरों के जगमगाते द्वीपों के
आसपास की बड़ी दुनिया का चाकू सा
खुपसाता हिंसक अँधेरा
पसीने में खदबदाता
चट्टानों से लगातार जूझते जीवन का
हाँफ़ता संगीत थोड़ा–थोड़ा
हम अपनी आँखों और दिलों में
उतार सकते थे जितना
उतना साथ लेकर आये
और लौटे ख़ामोश नौ दिन की
छोटी–सी फ़िल्म बनकर

फिर भोपाल के प्लेटफ़ॉर्म ने
हमें बारह घरों की दिशाओं में
मोड़ दिया
अब अकेले दौड़े हम
घर में होने के लिए

घर में
और चैन की
साँस ली मैंने
घर के चेहरों और हाथों से
मिटाई मैंने सारी थकान
फिर शाम को
अकेला बैठा कुछ देर
उड़ने लगी
आरामकुर्सी
होंठों पर आने लगे
ग्यारह नाम
ग्यारह चेहरे
धुन्ध से निकले
और बादलों में छिप गये
बादलों से निकले
और बसों में घुस गये

गरम पानी के कुण्ड से
नहाकर

निकले
और
पहाड़ के माथे की ग्यारह
टोपी बन सज गये ग्यारह दोस्त
और मैं बारहवाँ
जिसके पास कैमरा तक नहीं
इस वक़्त यहाँ भी आँखों से खींच रहा
सबके फ़ोटो पहाड़ों के साथ

सुनामी

पूनम अग्रवाल

पहले भी
मचलता था समुद्र
पर
इतना बिगड़ता नहीं था।
अक्सर तो
ऐसे ही होता
कि उसकी लहरें
खिलखिलाती हुई आतीं
और मुझे छूकर
गुनगुनाती हुई चली जातीं।

कभी–कभी
ऐसे भी लगता
जैसे
उठा बैठा हो समन्दर
अपनी बाँहें

ज़ोर–ज़ोर से हिलाता
उतावली से बुलाता–सा।

कभी वह
बेचैन भी लगता
आन्दोलित–सा
कुछ बदला–सा।
हाँ
पहले भी कई बार
समुद्र ने बदले थे रूप
पर
वह कभी
इतना बिगड़ा नहीं था।

लेकिन अब की बार तो
न जाने क्या हो गया उसे।
अपने किनारे
सपनों के घरौंदे बनाते बचपन,
रेत को नरमी से छूते पाँव,
बसे हुए गाँव
सब पर
समान रूप से
कुपित हो गया वह।
सबकुछ
हमेशा के लिए
समेट ले गया वह।
लेकिन
क्या दोषी
सचमुच समुद्र है??

क्या कभी सोचा हमने
कितने स्वार्थी हो गये हैं हम!
अपने हक़ में हमने
गढ़ लिए हैं
कुछ इस तरह से
सारे समीकरण
कि
लेन–देन के हमारे हिसाब में
हर बार
लगातार
हर किसी से
सिर्फ़
लेना ही बनता है हमारा।
फिर चाहे वह
ज़मीन हो
जंगल हो
समन्दर
या कि कुछ और।

इस दोहन में
इतने मशगूल हैं हम
कि देख नहीं पातीं
हमारी आँखें
कि हमें देते–देते
कितने चुक हैं ये सब।
इतने पर भी
ख़त्म नहीं होते

ये जुनूनी मंसूबे।
पर्वतों की चोटियों
सागर
चाँद, सितारों
या आसमान पर
फ़तह भी शग़ल है हमारा।

तो फिर कौन जाने
ये सुनामी
समन्दर का शगल हो!!!

इससे पहले
कि समूची प्रकृति
सीख जाये हमारी भाषा
हमें सीखनी होगी
उनकी भी भाषा
हमारी नज़र में
जिनकी कोई भाषा ही नहीं!

सूखती हुई नदी

महेन्द्र सिंह

सूखती हुई नदी
जैसे काँपती हुई
आख़िरी लौ दीये की
जैसे बारिश की
अतिशय देरी से
होती हुई
दुष्काल की अन्धेर
विलुप्त होती हुई
किसी उन्नत प्राचीन
संस्कृति के
मिटते मग्दाब शेष
जैसे लम्बी बीमारी खाया
कोई जर्जर मानव शरीर
हरियाली पर
बजती हुई कुल्हाड़ी
कलरव कोलाहल पर
लगता हुआ कर्फ़्यू
जैसे टूटती हुई

ग़रीब की आस

जैसे
सामूहिक बलात्कार के बाद
हत्या कर
फेंक दी गयी
कोई नारी देह
जैसे धरती के
एक विशेष भूभाग से
बन्द होती हुई
प्रकृति की
सृजन पीठ।

हत्यारा

कैलाश वाजपेयी

बच्चा तितली पकड़ रहा है
बच्चा नादान है
होगा
बच्चे तो होते ही हैं
तुमने वह चीख़ भी
देखी
नयी तरह से क्या सुना
इस दृश्य को
बच्चा हत्यारा है
वह किसी फूल के
पैदा होने की सम्भावना
ख़त्म कर रहा है।

हम खड़े हैं कटे पेड़ों के नीचे

नीलोत्पल

हमारे पास रोशनियाँ नहीं हैं
हम जहाँ खड़े हैं
वह डूबते समय का सच है

अक्सर गीली रेखाएँ
हमारे पास चिंगारी की तरह फूटती हैं
हम दूर से देखते हैं जंगल में
चमक बाकी है
चीज़ें और रुझान लपकते हैं
एक ख़ारिज सिरे की बेमाप दौड़ के लिए
लेकिन यह आभास हमारी चेतना का नहीं
अस्पष्ट और उलझी हुई वितृष्णा का है

एक बूँद गिरती और बाहर आती है
थोड़ी देर के लिए
हम घुल जाते हैं अनजाने परिदृश्य में
रक्त में संशोधन नहीं हो सकता

हार और जीत के कई सबक हमारे पास हैं
लेकिन इसके अलावा नहीं जान पाये

कि एक सच चट्टानों पर बैठा
लिखता है हमारी वास्तविक हार
जहाँ हम पीछा करते हैं
अपनी ही खोयी उँगलियों का

स्वर्ग और नरक में
सिर्फ़ इतना–सा अन्तर है कि
एक का द्वार भीतर की ओर खुलता है
एक का बाहर की ओर

हमारे पास रोशनियाँ नहीं हैं
हम खड़े हैं कटे पेड़ों के नीचे
मुमकिन है हमारे नंगे सर
सोच रहे हों छाया के बारे में

हम लोग कहाँ गुज़र-बसर करेंगे?

दुलाय चन्द्र मुंडा

पहाड़ तो जला दिया गया है पण्डुक!
हम दोनों कहाँ अब चारा–पानी ढूँढ़ेंगे?
बावली तो तोड़ दिया है बुद्धू मछली!
हम दोनों कहाँ तैरकर अब गुज़र–बसर करेंगे?

हे पण्डुक!
हम दोनों भी इसी में जल मर जायें,
हम दोनों कहाँ अब चारा–पानी ढूँढ़ेंगे?
हे बुद्धू!
इसी धारा में समा जायें,
हम दोनों कहाँ तैरकर अब गुज़र–बसर करेंगे?

रसिक (कवि) कहता है,
यह शान्ति का देश अब गुज़र गया।
ग़रीबी ने भीषण ज्वालाएँ बुन दी हैं,
लोक पण्डुक की तरह
चारा–पानी के लिए मर रहे हैं।
मछलियों की तरह
धारा में बह रहे हैं।

हे समय के पहरेदारो!

ग्रेस कुजूर

पर्वतों की फ़िज़ाओं से
आती आवाज़ों को
कभी सुना है तुमने
जिनकी गुफ़ाओं में
प्रकृति सोती है
जहाँ कन्दराओं में
हवाएँ झूलती हैं
ख़ामोश हैं जहाँ
ऋषि–मुनियों की
मौन भाषाएँ
और जुड़ी हैं
वन–प्रान्तर की
अनेक कथाएँ
जिनकी तराइयों में
बहती हैं जीवन की
कई धाराएँ
क्या तुमने कभी देखा है

पर्वत को रोते?
क्या कभी सुनी है
उसके हृदय की आवाज़
क्या कभी देखा है
उसका टुकड़े–टुकड़े होकर
बिखर जाना?
इसके बावजूद
देखी होगी तुमने
उसके हृदय की
निर्मल धारा
सुनी होगी उसकी
जल तरंग
जिस नदिया के किनारे
तुमने बजाई होगी
अपनी राधा के लिए
सौतन बाँसुरिया
जिसकी डगरिया पर
फोड़ी होगी उसकी गगरिया
आज तुम
अपने ही स्वार्थ के लिए
पर्वतों के पत्थर
तोड़ रहे हो
बारूदी गन्ध से
जीवन को मरोड़ रहे हो

क्या कभी नदियाँ
लौट कर पूछेंगी
अपने खण्डहर होते
पर्वतों से—
कि कहाँ गया
उनका उद्‌गम?
कहाँ गया उनका वैभव?

तब पर्वत रोयेगा
सूख जायेंगी उसकी धाराएँ
न किसी मोहन की बाँसुरी
तड़पेगी नदी किनारे
अपनी राधा के लिए
और न फूटेगी
कोई गगरी
न कोई पकड़ेगा
गाँव का बालक
नदी के रेत में
'टेंगरा' और 'गीतू' मछरी

एक बूँद पानी के लिए
तड़प—तड़प जायेंगी
हमारी पीढ़ियाँ
इसलिए

मैं सच कहती हूँ
हे समय के पहरेदारो!
तुमने अवश्य सुना होगा
एक वृक्ष की जगह
लगाओ दूसरा वृक्ष
क्या कभी सुना है
एक पर्वत के बदले
उगाओ दूसरा पर्वत?
करोड़ों साल में बने
इन पर्वतों को
तुम्हारे बारूदी मन ने
फिर–फिर तोड़ा है
और कुँवारी हवाओं को
हर बार छेड़ा है–
जिसके धूल–कणों ने
तुम्हें तो मुँह छुपाना
भी नहीं आता
शायद इसलिए
उगा रहे हो धूल
छुपाने के लिए मुँह
शुतुरमुर्ग की तरह

इसलिए फिर कहती हूँ
न छेड़ो प्रकृति को

अन्यथा यही प्रकृति
एक दिन
माँगेगी
हमसे
तुमसे
अपनी तरुणाई का
एक–एक क्षण
और करेगी
भयंकर.... बग़ावत
और तब/न तुम होगे
न हम होंगे!

हो न हो एक दिन

बासुकुमार

सूरज आँसू बनकर
पिघलता है जब
श्वेत आसमान के,
गालों से होता हुआ
तब समुद्र बनता है खारा
उस खारे समुद्र में
जब छोटे–छोटे नदी के द्वीप
चुपचाप मन्थन करने लगते हैं
तब पृथ्वी रचती है एक गीत
जिसे धूप से मिलता है राग
वर्षा से मिलती है झनकार
हवा से संवेदना पैदा होती है
और तब लहरों की धड़कन में
कम्पन होता है
जीवन और मृत्यु का
वहाँ जहाँ
समुद्र सबसे अलग–थलग बैठा
छोटी–सी सीप के भीतर

स्वयं के प्रतिबिम्ब में
टकटकी बाँधे देखता है
समय के पदचाप को।

हाँ समय
समय कहूँ या तारीख़
जो बेआवाज़ बदल जाती है
अन्धेरे में नितान्त अकेली
इसे मानें या न मानें
पर सच यही है
और सच ये भी है कि
समय मोम की तरह पिघल रहा है
सूरज बुझ रहा है।

देखते ही देखते
एक दिन सभी पेड़ जड़ हो जायेंगे।
अपनी ही जड़ों के अन्दर
एक दिन सारी ख़ुशियाँ
राख हो जायेंगी
गुमसुम–गुमसुम
एक दिन सारी आँखें
पथरा जायेंगी...
ख़ामोशी से
बीच सड़क पर।

एक दिन सारी बातें
हवा हो जायेंगी,

पानी के बुलबुलों में।
एक दिन सारे परिन्दे
लुप्त हो जायेंगे
मर्सिया पढ़ते–पढ़ते

हो न हो एक दिन
आप भी समझ जायेंगे।
जब कोई जंगली हवा
आपकी खिड़की के
पास से गुज़रेगी।
और
आपकी साँसों की
चुप्पी को तोड़ेगी।

❑❑